ADAM S. FALKENSTEINER

Alkohol

Süchtig oder nicht süchtig,
das ist hier die Frage!

AF208672

Es gibt nur einen Weg.

Alkohol

Süchtig oder nicht süchtig,
das ist hier die Frage!

Wenn Sie am Ende des Buches aus voller Überzeugung
sagen:

„Alkohol? Ich bin doch nicht doof!"

Dann sind Sie wieder Herr über Ihr Leben und meine Arbeit
ist getan.

© 2023, Adam S. Falkensteiner
Herstellung und Verlag:
BoD – Books on Demand, Norderstedt
ISBN: 9783757853242

VORWORT

Es gab Zeiten, da habe ich gern getrunken. Partys, ausgelassene Stimmung, Fröhlichkeit, Spaß und Sex. Dann wiederum gab es Abschnitte voller Angst, Unzulänglichkeit und Depression. Da habe ich es gehasst, Alkohol zu trinken und mich für zu schwach gehalten, es sein lassen zu können. So trank ich weiter und stolperte von einem Exzess zum nächsten, während die Phasen der Nüchternheit immer reuevoller und schmerzhafter wurden.

In meinem Job häuften sich die Fehlstunden an. Ich war oft krank und nicht in der Lage, einer geregelten Arbeit nachzugehen. Trotzdem konnte ich meine Abhängigkeit geheim halten. Was für ein Kraftakt.

Das eigentliche Problem der Alkoholsucht ist aus meiner Sicht folgendes:

Das Suchtmittel ist frei verfügbar und vor allem nahezu überall erhältlich. Es ist relativ billig und fast jeder nimmt es zu sich. Und bei dieser Menge an Konsumenten geht der einzelne regelrecht unter. Es ist somit kaum zu erkennen, wer davon ein Suchtproblem hat und wer nicht.

Selbstverständlich weiß ich, dass nicht jeder der Alkohol zu sich nimmt, ein „Trinker" ist. Auch habe ich kein Interesse daran, jeden zum Alki abzustempeln nur, weil *ich* ein Suchtproblem habe und nicht gern allein damit dastehen will. Mein Wunsch ist es, Menschen zu zeigen, dass sie keineswegs allein sind und, dass ihnen die Sucht sogar viele positive Erkenntnisse bringen kann, die sie ohne das Alkoholproblem niemals erfahren könnten. Derjenige, der gerade mittendrin steckt, kann momentan vielleicht nicht nachvollziehen, dass in der Sucht ein paar positive Aspekte verborgen sein sollen, doch gerade diese Erkenntnis ist letztlich der Ausweg.

In einem Punkt bin ich mich mir sicher, die Grenze zwischen dem „normalen" Trinken zum „Suchttrinken", ist nicht immer klar erkennbar. Das ist die große Gefahr: Wir spüren nicht, wann wir die unsichtbare Grenze überschreiten. Deshalb zeigen die Beispiele in diesem Buch erste Anzeichen für ein „Abhängigkeitstrinken" auf, *die dann über kurz oder lang in der Sucht enden.*

Gruppengespräche, Therapiemaßnahmen und persönliche Suchterfahrungen geben dem Inhalt einen realistischen Hintergrund.
Alkoholmissbrauch ist zwar ein sehr ernstes Thema, aber dennoch möchte ich dem Leser auch aufzeigen, dass ein Alkoholverzicht sehr viele heitere Seiten haben kann, wenn man seiner persönlichen Einstellung erst einmal neue Impulse gegeben hat. Menschen, die mit einem Alkoholiker zusammenleben und selbst kein Problem im Umgang mit Alkohol haben, erhalten ebenfalls Anregungen, wie sie sich künftig besser verhalten können, um ihrem süchtigen Partner hilfreich gegenüberzustehen und vor allem, selbst leichter mit der Sucht des Partners fertig zu werden.
Alkoholismus ist eine weitverbreitete Krankheit und dennoch, aus medizinischer Sicht, *relativ unerforscht.* Mein Buch ist auch keine theoretische oder wissenschaftliche Abhandlung, sondern ein praxisnaher Ratgeber, der die Krankheit aus der Sicht von „Ex-Alkoholikern" *(Anmerkung: Den Ausdruck EX-Alkoholiker habe ich nur der Einfachheit halber benutzt. Eigentlich sollte man diesen nicht gelten lassen, da es Ex-Alkoholiker bei genauer Betrachtung nicht gibt. Denn- einmal Alkoholiker – immer Alkoholiker. Man*

*ändert lediglich seinen Zustand; man ist entweder „nass"
oder „trocken". Weitere Definitionen folgen an anderer
Stelle)* näher erläutert und Auswege für die Betroffenen
aufzeigt. Allem voran jedoch, will ich Ihnen damit die
Möglichkeit geben, Frieden zu finden. Frieden schließen mit
dem was war, mit der Familie, mit der Gesellschaft und zu
guter Letzt, Frieden mit Ihrem tiefsten Inneren, Ihrer Seele.
Es gibt definitiv keine Pille, welche die Sucht heilt, auch
wenn die Pharmaindustrie in der Vergangenheit schön
häufig euphorische Erfolgsmeldungen veröffentlichte.
Alkoholismus ist eine Krankheit, die wohl auch als solche
behandelt und anerkannt wird, aber nicht heilbar ist. Deshalb
haben wir wahrscheinlich so große Angst vor ihr und ihren
Folgen. Und gerade diese Angst will ich Ihnen nehmen. Die
Alkoholsucht ist in der Tat unheilbar, aber - Sie können sie
jederzeit **zum Stillstand bringen.**

Auch wenn es sich offiziell um eine Krankheit handelt ziehe
ich es vor, nicht von einer Krankheit zu sprechen. Denn
jeder, der keinen Alkohol mehr trinkt und über längere Zeit
trocken ist, wird bestätigen, dass man sich keineswegs
krank fühlt, wenn man erst einmal den Weg in die
Trockenheit eingeschlagen hat. Im Gegenteil, es kommen
ungeahnte Kräfte und bislang „ertränkte" Empfindungen
zurück, die das Leben wieder lebenswert machen. Die
Krankheit schlummert lediglich im Inneren, solange wir ihr
nicht die Erlaubnis erteilen, wieder aktiv zu werden. Es liegt
nur daran, ob wir ihr Macht über uns geben, oder nicht.
*Deshalb eines ganz deutlich: „Ohne einen festen Willen geht
es nicht. Doch der Wille allein reicht nicht aus".*
Ein starker Wille entstammt in der Regel einem starken Ego.
Und das Ego ist leider oftmals der Grund für jedes Scheitern,
ganz gleich in welcher Lebenslage. Ego initiierte

Maßnahmen enden meist in einem Desaster. Deshalb ist es unabdingbar, dass Sie zuerst ihrem Ego auf die Schliche kommen müssen, bevor Sie erfolgreich Ihr Alkoholproblem bewältigen können.

Und um die Funktionsweise des Egos zu verstehen, muss man zunächst einmal anerkennen, dass man eines hat, um dann zu erkennen, wann es gerade auf unser Handeln und Denken Einfluss nimmt. Erst wenn man weiß, dass das Ego der Urheber unserer Glaubenssätze ist, kann man gegensteuern. Deshalb widme ich diesem Thema am Ende des Buches ein ganzes Kapitel. Nehmen Sie sich Zeit, sich selbst und Ihre inneren Prozesse und Muster zu verstehen, denn mit Ihrem tiefen Verständnis für Ihre Einzigartigkeit lösen Sie alle Probleme mit Leichtigkeit.

Zunächst jedoch sollten Sie erfahren, was hinter der Alkoholabhängigkeit steht, wodurch sie entsteht, und welche Auswege es gibt. Machen Sie sich diese Formel zu Ihrem Werkzeug:

Anerkennen + Wille + Wissen = Freiheit

Wenn Sie ein glückliches Leben führen wollen, wird es hilfreich für Sie sein zu erfahren, dass es unausweichlich ist, die Macht über Ihr eigenes Leben zurück zu erobern.

Diese Eroberung gelingt Ihnen jedoch nur dann, wenn Sie damit aufhören, anderen Menschen, Situationen, Erfahrungen und Umständen die „Schuld" für Ihr vermeintliches Versagen zuzuweisen. Denn erstens existiert so etwas wie Schuld überhaupt nicht, sondern ausschließlich Verantwortung, und demnach gibt es auch kein Scheitern oder Versagen, sondern nur Ergebnisse.

Und Ergebnisse sind das Resultat von Absichten, ganz

gleich ob bewusst oder unbewusst. Nur unsere Bewertungen, ob negativ oder positiv, machen aus einem Ergebnis ein Versagen oder einen Erfolg.

Das fatale am Verteilen von Schuld ist, dass ich damit auch meine Macht abgebe. Schuld und Macht sind derart miteinander verwoben, dass wir sie nicht als zwei unterschiedliche Dinge wahrnehmen. Wir glauben, wenn ein anderer die Schuld an einer Sache trägt, sind wir unschuldig. Der wahre Rückschluss daraus aber ist, dass wir mit dem Weggeben der Schuld auch Verantwortung und Macht von uns weisen. Denn, wem ich die Schuld gebe, dem gebe ich auch die Macht.

Denken Sie bitte darüber nach.

Wenn ein anderer also die Macht hat, sind Sie ihm *machtlos* ausgeliefert. Sie haben dann selbst keinen Einfluss auf Ihr Schicksal. Menschen, die jegliches Versagen im Außen begründen, verhalten sich dann wie trotzige Kinder: „Ich kann nichts dafür, der hat damit angefangen", oder, „wenn du nicht ständig so übellaunig wärst, müsste ich nicht in die Kneipe gehen".
Wenn Sie Ihre Probleme in den Griff bekommen wollen müssen Sie lernen, die Verantwortung über Ihr Leben voll und ganz zu übernehmen. Niemand, außer Sie selbst, kann etwas in Ihrem Leben verändern.
Betrachten Sie die folgenden Erfahrungsberichte und Erkenntnisse als nützliches Handwerkszeug, das die Kraft Ihres Willens auf dem Weg in eine zufriedene, „trockene" Zukunft, von Anfang an in die richtige Bahn lenkt.
Nichts ist wichtiger als Ihr persönliches Wohlergehen. Nur wenn *Sie* in der Lage sind, *Freude* an einem Leben *ohne*

Alkohol zu gewinnen, werden Sie auch dauerhaft trocken und gesund bleiben. Solange Sie den „schönen" Momenten nachtrauern, halten Sie ihre alten Verhaltensmuster am Leben.

Da wir uns von Natur aus mit dem „langen, steinigen Weg" schwertun, betrachten Sie Ihr Vorhaben nicht als ein von Ihrer Familie und der Gesellschaft gefordertes Opfer, das Ihnen das Leben schwermachen will, sondern sehen Sie es vielmehr als eine einzigartige Chance, Ihrem Leben einen neuen, positiven Sinn zu geben.
Um tatsächlich aus den geschilderten Erfahrungen zu lernen, bedarf es natürlich Ihrer völligen Ehrlichkeit. Mit Ehrlichkeit meine ich Ihre nüchterne Erkenntnis, dass Sie ein Problem mit Alkohol haben. Nur Sie allein entscheiden, ob es an der Zeit ist, Hilfe anzunehmen.
Dieses Buch bietet Ihnen zunächst einmal die Möglichkeit, sich ganz **allein** Ihrem Problem zu öffnen. Falls Sie darin nicht *alle* Antworten auf Ihre Fragen finden, sollten Sie sich auf lange Sicht unbedingt erfahrenen Personen anvertrauen, mit denen Sie gemeinsam an Ihrem Vorhaben arbeiten können.
Auch ein Fallschirmspringer kann sich nicht einfach einen Schirm umschnallen und kurzerhand aus einem Flugzeug springen. Er muss zunächst Kurse belegen, die ihm die nötigen Grundkenntnisse vermitteln, damit sein erster Sprung nicht gleich sein letzter wird.
Wie Sie sich denken können, ist *ein* Grundkurs und *ein* Absprung allein, noch lange nicht ausreichend, um auch künftige Sprünge unversehrt zu überstehen. Hierzu bedarf es ständiger Übung.
Betrachten Sie das Lesen dieser Lektüre als Ihren persönlichen Grundkurs und holen Sie sich dann die

weiteren praktischen „Trainingseinheiten" bei einem regelmäßigen Gruppenbesuch, wie zum Beispiel bei den Anonymen Alkoholikern, dem Blauen Kreuz, usw. Eines kann ich Ihnen schon jetzt versprechen. Sie werden überrascht sein, wie viele „normale" Menschen Sie dort antreffen.

Sie werden von ihnen immer verstanden und ernst genommen. Denn diese Menschen haben das gleiche durchgemacht, was Ihnen derzeit widerfährt, oder vielleicht noch widerfahren wird. Schon bald werden Sie feststellen, dass Sie mit Ihren Problemen nicht allein sind und tausendfach Lösungsmöglichkeiten bereitstehen.

Auch wenn Sie am Anfang ein mulmiges Gefühl im Magen haben, sich vor mehreren Menschen zu offenbaren, sollten Sie Ihr Ziel nicht aus den Augen verlieren und über Ihren Schatten springen.

Es gibt womöglich nicht viele Gelegenheiten dazu.

Denken Sie an die glücklichen Jahre, die noch vor Ihnen liegen und vergessen Sie niemals, was der Alkohol in der Vergangenheit mit Ihnen gemacht hat und welche Folgen ein „Weitertrinken" für Sie hätte. Lassen Sie sich auf gar keinen Fall durch Statistiken verunsichern, die besagen, dass nur ein geringer Prozentsatz aller Abhängigen den Weg in die Trockenheit schafft.

Aus meiner eigenen Gruppenerfahrung kann ich in Ihnen versichern, dass fast alle Personen, die ich zu Beginn meiner Trockenzeit in der Gruppe angetroffen habe, noch immer mit Freude dabei sind. Deshalb kann ich allen offiziellen Statistiken entgegenhalten:

„95 % der _tatkräftigen_ Abhängigen bleiben dauerhaft trocken".

Dieses sehr positive Ergebnis hilft weit mehr, als jede unpersönliche, sachliche Statistik.

Übrigens, ein hohes Ziel ist leichter zu erreichen, wenn man sich auf jeden einzelnen Schritt konzentriert. Jeder kleine Schritt bringt uns weiter nach vorn, auch wenn uns dieser anfänglich winzig und unbedeutend erscheinen mag, im Gegensatz zu der noch vor uns liegenden Strecke.
Bergsteiger berichten fast ausnahmslos, welche Strapazen jede Besteigung mit sich bringt. Auch sagen sie, dass sie während des Aufstiegs nicht ständig auf den Gipfel starren, da die andauernde Realisation, der noch zu bewältigenden Strecke, eher lähmend wirkt als anspornend, denn ein großes Ziel verbreitet bei näherer Betrachtung jede Menge Ehrfurcht. Es zeigt einem überdeutlich, wie klein man zum momentanen Zeitpunkt doch ist. Deshalb konzentriert sich der Bergsteiger auf jeden einzelnen Schritt. Natürlich ist das gesteckte Ziel unabdingbar, denn wozu sollte er sonst die vielen kleinen Schritte unternehmen, wenn er nicht wüsste, an welchen Ort sie ihn führten. Das Ziel dient demnach zum Zielen. Es gibt eine klare Richtung vor. Die einzelnen Schritte stellen alle für sich ein eigenes, kleines Etappenziel dar, welches weniger ehrfürchtig auf uns wirkt und von unserem Verstand deshalb als leicht zu erreichen erfasst wird. Ein kleiner Schritt ist einfach. Das kann jeder. Aber in der Summe dieser kleinen Schritte steht der Erfolg, das große Ziel, welches vorher fast unerreichbar über uns thronte.
So erklimmt der Bergsteiger Schritt für Schritt das Gebirgsmassiv, bis er letztlich die überwältigende Aussicht genießen kann.
Für einen Alkoholiker ist jeder Tag, an dem er nichts trinkt, ein Erfolg. Im Sport werden Erfolge mit Medaillen gewürdigt.

Lassen Sie sich deshalb täglich selbst eine Medaille zukommen. Wie diese Medaille aussehen soll, entscheiden Sie allein, passen Sie nur auf, dass Sie sich dabei nicht in eine andere Sucht begeben. Wenn Sie Ihre Leistungen immer mit einer Tafel Schokolade belohnen, erwarten Sie dann möglicherweise noch schlimmere Probleme.

Eine gute Anerkennung ist zum Beispiel ein offener Blick in den Spiegel. Schauen Sie sich tief in die Augen und halten Sie den Blickkontakt aufrecht. Seien Sie stolz auf Ihre Leistung. Betrachten Sie die wiederkehrende Klarheit Ihrer Augen und Ihres Geistes. Freuen Sie sich auf das Wiedererlangen Ihres Selbstbewusstseins und Ihrer Tatkraft.

Denken Sie immer an den Bergsteiger: „Ein klar umrissenes Ziel ist wichtig. Wichtiger ist es aber, den ersten, entscheidenden Schritt zu tun. Und diesen Schritt mit Entschlossenheit täglich von neuem zu wiederholen".

Herzlichst Ihr

Adam S. Falkensteiner

EINLEITUNG

In Deutschland leben offiziell ca. 1,8 Millionen alkoholkranke Menschen. Dies ist eine stolze Zahl. Natürlich ist die Dunkelziffer um ein Vielfaches höher. Allerdings wundert mich eines ganz besonders: Wenn wir jährlich 1,8 Millionen Aids-Kranke zu verzeichnen hätten, wäre die ganze Bevölkerung dann nicht in höchster Alarmbereitschaft? Jedoch bei der hohen Zahl an Alkoholkranken bleibt die Öffentlichkeit scheinbar völlig unbekümmert. Woran mag das wohl liegen?

Geht man mit offenen Augen durch die Welt, erkennt man schnell, dass die Weichen für eine Sucht bereits auf den Schulhöfen gestellt werden.

Kein Wunder, wenn man die Vorbilder unserer Jugendlichen betrachtet. Wir alle, und da mache ich keine Ausnahme, gehen zu leichtfertig mit der „Droge" Alkohol um. In jedem Hollywoodfilm trinken die Helden, um ihren Frust runterzuspülen, oder um Erfolge zu feiern.

Alkoholismus macht vor keiner Gesellschaftsschicht halt. Getrunken wird fast in jedem Haushalt. Ganz gleich ob arm oder reich. Auch wenn sich vielleicht die Art und Qualität der alkoholischen Getränke voneinander unterscheiden, die Folgen bleiben dieselben. Sogar die Gründe, warum zur Flasche gegriffen wird, ähneln sich oftmals.

In einer hochtechnisierten, schnelllebigen Zeit, wie die unsere, fühlen wir uns häufig überfordert. Die Praxen der Ärzte und Therapeuten sind überfüllt von Patienten, die unter nervlichen Überlastungen leiden. Burnout ist die häufigste Diagnose des Computerzeitalters.

In der Tat wird die Flut an zu verarbeitenden Informationen

immer größer. Reizüberflutung, Existenzängste und Ängste, aus mangelnder Ausbildung für die kommende Zeit nicht genügend gewappnet zu sein, machen den Menschen zu schaffen. Die Zeiten, in der mehrere Generationen vom Aufbau des elterlichen Betriebes profitierten, sind vorbei. Viele kleinere Betriebe müssen aufgrund des starken Wettbewerbs ihre Pforten schließen. Nichts scheint mehr von Dauer zu sein. Ein regelrechter Zerfall von alten, liebgewonnenen Werten findet vor unseren Augen statt.

Veränderung ist die neue Beständigkeit, freunden Sie sich damit an. Es nicht zu tun, wäre fatal.

Als die Entwicklung noch langsamer voranschritt blieb den Menschen mehr Zeit, sich auf bevorstehende Veränderungen einzustellen.

Heutzutage kann es vorkommen, dass man nach einem vierzehntägigen Urlaub seinen Schreibtisch nicht mehr vorfindet. Stattdessen steht dort ein Computer, dessen Gehirn aus einem Silicon-Chip besteht und weitaus leistungsfähiger ist, als die gesamte Belegschaft. Hinzu kommen vielleicht noch ein paar politische Unruhen und die Welt scheint völlig aus den Fugen zu geraten. Wer hilft uns dann und woher kommt die erhoffte Hilfe?

Leider immer häufiger von der Pharmaindustrie in Form von Beruhigungspillen und zum Großteil aus Brauereien, getarnt als wohlbekömmliche Spezialität aus dem Herzen der Natur. Solche vielversprechenden Werbeslogans sind Balsam für unsere gemarterte Seele. Wie sehr sehnen wir uns doch bei all den Umweltbelastungen nach der Reinheit der Natur und unserem ursprünglichen Wunsch, dazuzugehören.

Die Sehnsucht nach diesen vermeintlichen,

„Naturprodukten" ist in Deutschland mittlerweile so groß, dass wir alle benachbarten Länder im Konsum von Alkohol bei weitem übertreffen. Gestatten Sie mir die saloppe Ausdrucksweise; aber wir „saufen" sozusagen alljährlich den ganzen Bodensee leer.

Doch diese Art von Wettbewerb sollte uns nicht mit Stolz erfüllen, sondern eher nachdenklich stimmen. Irgendetwas scheint da vehement aus der Bahn zu geraten. Dass Bier noch heute beim Großteil der Bevölkerung als Nahrungsmittel be – und gehandelt wird zeigt doch ganz deutlich, wie wenig wir über die Gefahr wissen, die in diesem Nationalgetränk steckt. Natürlich muss das Bier jetzt gerade mal als Platzhalter herhalten, es völlig egal ist, was wir trinken, - ob Bier, Wein, Sekt oder Schnaps - die Folgen bleiben die gleichen.

Im Umgang mit den auf dem Markt befindlichen Drogen, wie z. B. Kokain und Heroin sind wir wesentlich vorsichtiger.

Wenn man sich schlecht fühlt greift man doch lieber, und dies ohne ein schlechtes Gewissen, zu einem Gläschen Sekt, als zur Nadel.

Wer dieses Zeug nimmt gilt doch eher als süchtig, als einer, der den täglichen Frust mit einem gepflegten Pils in behaglicher Atmosphäre hinunterspült.

Unser Bewusstsein wird mit diesen harten Drogen nicht so leicht fertig. Sie sind uns unbekannt. Und, „was der Bauer nicht kennt…", na, Sie wissen schon. Das soll Sie jetzt nicht dazu veranlassen, sich auf diesem Gebiet Erfahrung zu holen. Wir wollen uns jetzt auch nicht weiter auf die sogenannten „Harten Drogen" konzentrieren, sondern wir richten unsere Aufmerksamkeit lieber wieder auf den „guten alten Alkohol" und welche Schäden dieser anrichtet. Natürlich wollen wir die Gefahren nicht wahrhaben, weshalb wir unseren Konsum auch gerne mal verniedlichen: „Ein Bierchen, ein Weinchen, ein Schnäpschen". Wir trinken Alkohol auch, weil es vermeintlich einfach dazugehört. Zu einem guten Essen ein Glas Wein, zu Silvester eine Flasche Sekt, genauso, wie ein Weihnachtsbaum zu Weihnachten gehört. Für einen gesunden Menschen ist das schließlich auch kein Problem. Für den Suchtkranken allerdings teilweise eine tödliche Falle. Unsere Gesellschaft hat dabei ganz klare Vorstellungen und Anforderungen. Deshalb trinken wir auch, um gesellschaftsfähig zu sein. Wenn wir aber am Boden liegen, will die Gesellschaft nichts mehr von uns wissen. Ironie des Schicksals. Wie viele Krankheiten entstehen durch einen übermäßigen Alkoholkonsum, und in wie vielen Fällen ist der Alkoholkonsum bereits selbst die Krankheit?

Dieses Buch habe ich für all jene geschrieben, die es satthaben, die alltäglichen Sorgen und Lügen in Bezug auf Alkohol zu verdrängen. Trinken als solches ist ja schließlich auch nur ein Verdrängen und bietet keine Lösung. Es mag so erscheinen, dass Alkohol für den Moment ein Leiden lindert, er ruft aber auf Dauer ein noch viel Größeres Leid hervor. Sie werden erkennen, dass der gedankenlose Umgang mit diesem Wolf im Schafspelz, unsere Lebensfreude mehr lähmt als beflügelt; im krassen Gegensatz zu vielen Werbeslogans.

Man will den Verbrauchern weismachen, dass ein guter Schluck zum guten Ton gehört.

Wir müssen uns alle einfach wieder besinnen. Jedes Tief hat einmal ein Ende und zur Überwindung eines Tiefs benötigt man einen klaren Verstand.

Eingelullt in eine hochprozentige Alkoholwolke fällt man nur zu leicht in einen negativen Strudel. *„Alohol* macht Birne hohl". Lauschen Sie mal den Gesprächen an einem Stammtisch. Bei einer ständig abnehmenden Gehirnkapazität, bedingt durch einen weit angestiegenen Alkoholpegel, wird nur noch verbaler Schrott gelallt.

Es wäre auch zu einfach, die Lösung seiner Probleme in einer Alkoholnarkose zu finden. Wie bereits gesagt, will ich keineswegs alle Menschen, die Alkohol trinken, über einen Kamm scheren. Das wäre zwar ein leichter, jedoch nicht der korrekte Weg, um das Problem „Alkoholismus" in den Griff zu bekommen. Dieses liegt nämlich weit tiefer, als man im ersten Moment glaubt.

Auch von einem gesetzlichen Verbot halte ich nichts. Mein Augenmerk gilt nur denen, die genau wie ich, „suchtkrank" sind und im Alkohol nach Hilfe suchen.

Ich verwende die Bezeichnung „suchtkrank" deshalb, weil Alkoholismus eine von vielen Suchtkrankheiten ist. Die Suchtkrankheit als solche bezieht sich auf zahllose unterschiedliche „Mittel", die wir zur „Befriedigung" der jeweiligen Sucht einsetzen. Ein Suchtkranker hat das übersteigerte (krankhafte) Bedürfnis, Dinge, egal ob Kuchen beim „Esssüchtigen", Nikotin beim Raucher, oder Alkohol beim alkoholkranken Menschen, in solchen Mengen zu sich zu nehmen, bis sich ein von ihm erwünschter Zustand einstellt. Man könnte auch sagen „bis es im Hirn ´klick´ macht". Der Suchtkranke verliert die Verbindung zu allen „normalen" Problemlösern und seiner Umwelt. Wenn die Krankheit erst einmal zum Ausbruch gekommen ist, helfen ihm zur Beruhigung schon bald keine Waldspaziergänge und Yoga - Übungen mehr. Das Einzige was ihm dann noch hilft, ist das von ihm gewählte Suchtmittel.

Da Alkohol in allen Schichten als zeitgemäßes Getränk akzeptiert, und somit für seine Zwecke das unauffälligste Hilfsmittel ist, seine Sucht zu befriedigen, befindet sich der Alkoholkranke unserer Gesellschaft in einem wahren Paradies.

An jedem Kiosk, in jeder Kneipe, in den feinsten Hotels, in jedem Supermarkt, sogar an der Tankstelle hat er eine riesige Auswahl. Und niemals wird er wegen illegalen Drogenbesitzes verfolgt.

Er bleibt auf diese Weise lange Zeit vollkommen unerkannt.

Niemand nimmt Notiz von seiner Krankheit, solange er nicht randaliert oder sich ständig bis zur Besinnungslosigkeit volllaufen lässt.

UNSER BILD VOM „ECHTEN" TRINKER

Ist es Ihnen nicht auch schon so ergangen, dass Sie bei einem Bummel durch die Fußgängerzone einer Stadt auf eine Horde lärmender, ungepflegter Individuen gestoßen sind?

Außenseiter, gestrandete Persönlichkeiten, Penner! Sie sind laut, trinken hemmungslos in der Öffentlichkeit, haben furchtbare Manieren, randalieren, stinken und kotzen wo immer sie gerade gehen und stehen. Sie fallen auf, sind in Großstädten allgegenwärtig und niemand kann an ihnen vorbeigehen, ohne Notiz von ihnen zu nehmen. Genau das ist das Bild des Alkoholikers, welches wir in unserem Geist geformt haben, dieser stinkende Abschaum!

Und genau dieses Bild des Trinkers ist der Grund, warum es uns so schwerfällt, unser eigenes Alkoholproblem anzuerkennen geschweige denn zuzugeben, dass wir eins haben.

Wer will sich schon mit diesen Subjekten auf eine Ebene stellen? „So werde ich niemals sein", sagen wir uns und wenden uns ab, ohne dabei die Chance wahrzunehmen, dass beim näheren Hinsehen darin die Lösung unseres Problems liegt.

Gerade weil sich niemand mit diesen Menschen auf eine Ebene stellen will, bildet das die Grundlage für unsere Verhaltensmuster in Bezug auf Alkohol und erschweren uns den Ausstieg.
Denn wo bitteschön könnte ich aussteigen, wenn ich doch nirgends bin?
Zu philosophisch meinen Sie? Gut, dann etwas deutlicher.
Diese „Penner" sind nur ein ganz geringer, unbedeutender Teil im großen Sumpf der Alkoholsucht. Sie sind nur der sichtbar gewordene Auswuchs des Ganzen.

Die Mehrzahl der Süchtigen sitzt unerkannt in Büros, Anwaltskanzleien, trägt Uniformen und arbeitet in Operationssälen, sie trinkt heimlich, zumindest nicht grölend in aller Öffentlichkeit.

Der Status des Penners ist die des Buhmanns. Er steht für all diejenigen ein, die zu feige sind, sich ihrer Sucht zu stellen. Auf ihn können sie zeigen: „Seht genau hin, das ist ein Säufer. Ihr könnt mich nicht mit ihm vergleichen".
Zum derzeitigen Zeitpunkt mag das ja noch zutreffend sein.
Solange wir noch einen guten Job und damit ein regelmäßiges Einkommen, eine warme, schnuckelige Wohnung haben, können wir uns mit diesen, unter freiem Himmel schlafenden Menschen, wirklich nicht vergleichen.
Wir wiegen uns damit in Sicherheit, und wer will aus dieser heilen Welt schon ausbrechen, geschweige denn, ein

solches Los für sich selbst überhaupt für möglich halten. Hat uns unser Chef aber gerade an die frische Luft gesetzt, die Bank das überzogene Konto gesperrt, der Vermieter bei nochmaliger verspäteter Mietzahlung mit Kündigung gedroht, werden wir diese Menschen sicherlich nicht so schnell verurteilen.

Vielleicht zeigen wir dann sogar ein wenig Mitgefühl, da wir selbst gerade unseren Kummer mit einer Flasche Wein hinuntergespült haben und uns in diesem Moment bewusstwird, dass der Schritt zu einem Leben auf der Straße gar nicht so groß ist, wie wir zuvor in unserer Scheinsicherheit dachten.

Zugegeben, dies hat mit dem Thema Alkohol und dessen Begleiterscheinungen noch nicht allzu viel zu tun.

Aber solche Gedanken spielen eine maßgebende Rolle, wenn wir unseren persönlichen Alkoholkonsum analysieren. Die Betrachtungsweise unseres Trinkverhaltens und die daraus resultierende Länge der Leidensphase, ist nämlich größtenteils dem Vorbild der Penner geschuldet (die Betroffenen wissen, dass dieser Ausdruck von mir nicht abwertend gemeint ist. Je größer das Bewusstsein hinsichtlich des eigenen Trinkverhaltens wird, desto eher fühlt man sogar eine gewisse Hochachtung vor einem Menschen, der seine Sucht ohne Zurückhaltung lebt) und deshalb von entscheidender Bedeutung.

Denn gerade „Penner" sind in unserer Gesellschaft der Maßstab für Alkoholismus. Sie trinken anscheinend maßlos und sind innerlich und äußerlich verroht. Alles Eigenschaften, die *wir* eindeutig <u>nicht</u> aufzeigen (zumindest *noch* nicht).

Niemand wird sich also freiwillig als Alkoholiker bezeichnen, da man sich mit solch einer Aussage auf ein Niveau herablassen würde, das geradezu entwürdigend erscheint.

Wo aber ist die Grenze? Ab wieviel Flaschen Bier beginnt der Abstieg?

Auf keinem Gebiet wird so stark verglichen und gelogen, wie bei der Prüfung oder Bekanntgabe seines eigenen Alkoholkonsums.

Der „nasse" Alkoholkranke beurteilt die Schwere seiner Krankheit ausschließlich nach der „benötigten" Menge. Er sucht förmlich nach Menschen, die noch mehr trinken als er selbst, um sich damit zu beweisen, dass sein Konsum noch im Bereich des „Normalen" liegt. Irrsinn!!

Hat man dann einen gefunden, und hier muss man meist nicht lange suchen, ist das Ziel, die eigene Krankheit zu verniedlichen, geschweige denn, strikt von sich zu weisen, erreicht. Alkoholsucht ist eine Krankheit und ein Magengeschwür ist eine Krankheit. Ein Magengeschwür wird sogar gerne als Aushängeschild benutzt, wenn man sich einmal in einem Leistungstief befindet. Ein guter Grund, von seinen Mitmenschen Mitgefühl zu erhalten: „Der Arme hat zu viel um die Ohren". Meist aber ist das Magengeschwür die Folge eines übermäßigen Alkoholkonsums, doch diese Tatsache steht nicht im Fokus, sondern vordergründig ist es der Stress am Arbeitsplatz. Stress wiederum ist die Grundlage eines Burnouts. Die Diagnose „Burnout" selbst, ist dann sogar eine Art Ehrenmedaille für besonders fleißige Mitarbeiter. Dass dieser aufgrund seines ungesunden Lebenswandels nicht leistungsfähig ist, und deshalb überhaupt erst krank geworden ist, steht auf einem anderen Blatt, das niemals an die Öffentlichkeit kommt. Der „ehrenhaft Erkrankte" wird dadurch in eine Opferrolle erhoben und seine Mitmenschen schenken ihm ihr Mitgefühl.

Kaum einer wird von sich behaupten „ich bin alkoholkrank", wenn ihm im Geschäft oder im privaten Bereich keine

Glanzleistungen mehr gelingen. Das Klischee des Trinkers ist einfach zu negativ. Niemand will sich damit identifizieren. Kein Trinker wird bedauert.

Ihm kocht man keinen Kamillentee, wenn es ihm schlecht geht. Er ist mit seiner Krankheit allein.

Ich möchte an dieser Stelle deutlich betonen, dass ich den Alkoholiker nicht in Schutz nehme, oder ihn gar übergebührend bemitleide, vielmehr will ich diejenigen wachrütteln, die Angst vor der Schmach haben, sich zum Kreis der Abhängigen zu zählen und somit unausweichlich auf einen Abgrund zulaufen.

Was zum Kuckuck ist denn schlimmer - ständig umnebelt durch die Gegend zu laufen, womöglich im Straßenverkehr sein eigenes und das Leben unschuldiger Menschen aufs Spiel zu setzen, vielleicht im Rausch seine Frau und die Kinder zu schlagen? Oder sich einfach zu seiner Krankheit zu bekennen und sein Leben von Grund auf zu ändern? Der Alkoholiker ist im Besitz eines wunderbaren Geschenkes. Ein Geschenk, das nur sehr wenige erhalten. Und dieses Geschenk ist die Chance, sein Leben nochmal von Grund auf neu zu gestalten.

Alles hat zwei Seiten. Ich kann mich für den Rest meines Lebens selbst bemitleiden, dass mich ein so schweres Schicksal erfasst hat, oder aber Gott dafür danken, dass er mir die Möglichkeit gegeben hat, an dieser Aufgabe körperlich und geistig zu wachsen. Sobald der Kranke seine Situation wirklich erfasst hat und wieder Perspektiven für seine Zukunft erkennt, wird er den Kreislauf durchbrechen und zu seiner Krankheit stehen.

Auch auf die Gefahr hin, dass ich mich wiederhole, ich vermeide es normalerweise, auf dem Wort „Krankheit" herumzureiten, aber dieses Wort hat mir schon oftmals geholfen, mir für meine Sucht nicht immer die *„Schuld"* zuzuweisen. Schuldgefühle verschlimmern die Lage nur. Schuldgefühle sind immer destruktiv und verhindern eine positive Entwicklung.

Die „Krankheit" ist doch zu Beginn eine hervorragende Krücke, um sich voll und ganz seiner Gesundung zu widmen. Wird man von einer Krankheit heimgesucht, redet man vielleicht eher von Pech oder Schicksal, als von Schuld. Aber, - und das ist der entscheidende Punkt - die Krankheit ist kein Freischein, um weiterzutrinken und dann entschuldigend zu sagen: „Ich musste wieder trinken. Ich bin eben krank".

Für den trockenen Alkoholiker ist es keine spürbare Krankheit, die ihn ständig behindert oder lebensuntüchtig macht. Nein, er wird sich nach einiger Zeit der Trockenheit sogar wohler und leistungsfähiger fühlen, als je zuvor.

Wie schon im Vorwort gesagt, geht ohne einen festen Willen nichts. Aber der Wille allein ist in der Tat nicht ausreichend. Um die Sucht zu begreifen und zu akzeptieren, brauchen wir Informationen. Es hilft nichts, in Selbstmitleid zu verfallen mit der Frage: „Warum gerade ich?"

Komischerweise stellt man häufig im Gespräch mit Betroffenen fest, dass anfänglich allein der Gedanke an eine dauerhafte Abstinenz einen großen Schrecken, eine unendliche Leere und Panik in ihnen hervorruft. Eine Party ohne Alkohol kann sich zu Beginn der Trockenheit keiner wirklich vorstellen. Was werden unsere Kollegen am Stammtisch sagen, wenn wir, anstatt des üblichen Bieres, eine Apfelschorle oder Limonade bestellen?

Was sagen wir, wenn uns unser Chef bei einem betrieblichen Anlass ein Glas Sekt reicht? Was denken die

Kolleginnen und Kollegen, wenn ich dankend ablehne?

All diese Fragen erwarten eine Antwort. Wir werden diese Antworten in diesem Buch noch gemeinsam finden. Lassen Sie sich aber erst einmal Zeit, sich langsam mit diesem Thema vertraut zu machen.

Sicherlich bieten fast alle Krankenkassen Broschüren an, in denen der klassische Verlauf der Alkoholkrankheit aufgeführt ist. Meines Erachtens ist ein Bericht über eine bestimmte Krankheit und deren Ursachen allein aber nicht ausreichend für eine Vereitelung derselben. Wie oft liest man, dass etwas mehr Bewegung gut für das Herz-Kreislaufsystem ist oder welche fatalen Folgen fettes Essen mit sich bringt.

Und trotzdem benutzen wir den Fahrstuhl, obwohl Treppensteigen gesünder wäre. Auch ziehen wir eine triefende Schweinshaxe nur allzu oft einer fettfreien, weitaus gesünderen Kost vor.

Wir müssen aus unserem tiefsten Inneren erkennen, dass wir für unsere Gesundheit etwas tun müssen, dieses „tun müssen" schließlich in ein „gerne tun" umwandeln und letztendlich auf unser Tun stolz sein.

Dann sind wir in der Tat auf dem besten Weg zu körperlicher und geistiger Gesundheit.

Natürlich geben Aufklärungsschriften häufig den Anstoß für ein Erkennen der eigenen Lage. Ein Auto, das nicht anspringen will, kann ich selbstverständlich auch anschieben.

Wenn der Tank aber leer ist, kommt man jedoch recht schnell wieder zum Stillstand. Steht man gar an einem Berg, bewegt man sich sogar schneller rückwärts, als einem lieb ist.

Achten Sie deshalb darauf, dass Sie Ihren Tank füllen, d. h.

Informationen aufnehmen, verarbeiten, umsetzen, liebgewinnen, leben, um letztlich die Ergebnisse mit Zufriedenheit genießen zu können.

ALKOHOL UND SEIN STELLENWERT

Beim Alkoholabhängigen nimmt der Alkohol eine ganz besonders wichtige Stellung ein. Ohne einen kräftigen Schluck geht nichts mehr. Der Süchtige trinkt vor einem wichtigen Gespräch mit seinem Chef, vor und während einer Feier, bei traurigen und freudigen Ereignissen.

Liegt kein Grund vor, wird er einen (er)finden. Kurzum, er plant sein Leben um den Alkohol herum.
Der Alkohol steht im Mittelpunkt seines ganzen Tuns.
Es ist ihm nicht möglich das Leben in freien Zügen zu genießen, ohne dabei alle „Trinkmöglichkeiten" bis ins Detail vorzubereiten.

Ist der Alkoholiker beispielsweise zu einer Familienfestlichkeit eingeladen bei der, wie er natürlich von früheren Anlässen weiß, nur Kaffeetrinker anwesend sind, verabreicht er sich zu Hause die nötige Menge, um den unerwünschten Anlass möglichst ruhig zu überstehen, falls er sich dort überhaupt blicken lässt. Nimmt er aber teil, entgeht ihm jegliche Geselligkeit. Die geführten Gespräche gehen eigentlich an ihm vorbei, da seine Gedanken insgeheim um die Flasche kreisen, die daheim auf ihn wartet.

Die Sucht hindert ihn auch daran, tiefgehende Konversation zu betreiben, womöglich noch Probleme anderer über sich ergehen zu lassen.

Er ist wie eine Marionette, und der Puppenspieler heißt „Alkohol".

Auch in der Zeit, in der man noch nicht „unbedingt" abhängig ist, nimmt der Alkohol einen ernstzunehmenden Stellenwert ein (diesem Punkt widmen wir uns noch in Kapitel 2 bei den Boten der Sucht). Eine Silvesterfeier ohne das obligatorische Glas Sekt oder einer hochprozentigen Bowle, ist für uns keine richtige Silvesterfeier.
Unbewusst gestalten wir unser Leben mit Alkohol. Für die meisten stellt dies auch keine sonderlich große Gefahr dar, doch für einen gefährdeten Menschen hat dies fatale Folgen.

Während der „Gesunde" diese Anlässe genießt, schlittert der „Gefährdete" unweigerlich ins Verderben und steht am Ende allein da.
Deshalb stellt sich hier die Frage, „benötigen wir tatsächlich immer einen Stimmungsmacher, oder können wir auch ohne lustig und ausgelassen sein?" Es ist doch schließlich auch ein wundervolles Gefühl, am Morgen nach einer Party, vielleicht etwas müde, aber frei von Kopfschmerzen, mit einem vollständigen Erinnerungsvermögen aufzuwachen.

Alle Witze des Vorabends schießen uns nochmals durch den Kopf. Die Gespräche mit den anderen Gästen sind noch immer gegenwärtig. Ist das nicht ein doppeltes Vergnügen?
Sicherlich würden Sie sich nicht so intensiv mit dem Thema Alkohol beschäftigen, wenn Sie sich nicht um Ihre Trinkgewohnheiten sorgen würden.
Also beginnen Sie an dieser Stelle mit Ihrer persönlichen Inventur. Erinnern Sie sich wann und wieviel Sie, zu welchen Anlässen auch immer, getrunken haben.
Holen Sie sich die dabei erlebten Gefühle zurück und spielen

Sie diese Szenarien vor Ihrem geistigen Auge durch, als ob Sie diese nüchtern erlebt hätten.

Was war wirklich schön und was war schrecklich? Wie wäre der Abend gelaufen, wenn Sie nichts getrunken hätten?
Um tatsächlich Herr seines Alkoholproblems zu werden, ist es von ungeheurer Wichtigkeit, den Alkohol von seinem Thron zu holen.
Lassen Sie sich nicht mehr versklaven. Sie sind ein freier Mensch, dem man keine Befehle erteilen kann. Und wenn Sie noch so oft aufgefordert werden, das neue Jahr mit Sekt zu begießen, sagen Sie entschlossen „NEIN, danke ".

Um auch tatsächlich mit persönlicher Hochachtung hinter dem „NEIN" zu stehen, dürfen Sie dem Alkohol keine Priorität beimessen. Schauen Sie nicht traurig auf die „schöne" Zeit zurück, in der Sie so manche Nacht durchzechten. Bei genauerem Hinsehen waren die vermeintlich schönen Zeiten womöglich gar nicht mehr so schön.
Wir Menschen erinnern uns nun mal von Natur aus eher an die schönen Dinge und verdrängen dabei die weniger angenehmen Erfahrungen. Das Gehirn will uns vor Schmerz schützen. Deshalb können sich die meisten Menschen, die einen schweren Unfall erlitten haben, nicht mehr daran erinnern. Hören Sie mal Männern zu, die von ihrem Wehrdienst berichten. Obwohl sie damals fluchten über die vergeudete Zeit, erinnern sie sich heute nur noch an die witzigen Ereignisse.
Beginnen Sie also vollkommen bewusst, die negativen Erlebnisse Ihres Lebens nachzuvollziehen. Legen Sie eine Liste an, und Sie werden feststellen, dass der Alkohol diese Momente meist noch verschlimmerte.

Als nächsten Schritt stellen Sie sich vor, wie heiter und gelassen Sie künftigen Schwierigkeiten begegnen ohne Ihren „Freund Alkohol" um Hilfe zu bitten. Schon bald wieder werden Sie mit Sympathie in den Spiegel schauen können. Schritt für Schritt starten Sie in ein neues, suchtfreies Leben.

ALKOHOL ALS MITTEL ZUM ZWECK
WARUM TRINKE ICH?

Diese Frage unterscheidet sich erheblich von der Frage: "Warum gerade ich?"
Worauf will ich hinaus?
„Warum gerade ich?" spiegelt eine Verzweiflung wider: „Ich armer Tropf?" Mit dieser Frage machen Sie sich zum Spielball einer übernatürlichen Macht. Die Folgen sind: Hilflosigkeit, Hoffnungslosigkeit, Machtlosigkeit.
Auf diese Frage eine befriedigende, zielorientierte Antwort zu finden, ist vollkommen ausgeschlossen.
Gut, ein Genforscher könnte Ihnen vielleicht sagen: „Leider haben Sie eine fehlerhafte DNS. Es dauert vermutlich noch 150 Jahre, bis wir etwas dagegen tun können". Wäre durch diese Antwort Ihr Alkoholproblem für Sie kleiner geworden? Oder könnten Sie jetzt, quasi mit dieser ärztlichen Diagnose, so weitermachen wie bisher und Ihr Leben, sowie das Ihrer Familie völlig zerstören?
Ich denke nicht. Da Sie sich zum Kauf dieses Buches entschieden haben, wollen Sie Ihr Leben ändern, lernen mit der Sucht zu leben und frei sein.

Herzlichen Glückwunsch! Sie nehmen nun das Zepter in Ihre Hand!

Denn selbst wenn die Aussage des Genforschers einen

wahren Hintergrund hätte, welchen Vorteil hätten Sie dadurch? Stellen Sie sich deshalb lieber die ehrliche Frage: "WARUM trinke ich?" oder „WARUM habe ich getrunken?"

Warum trinkt man überhaupt? Rein medizinisch gesehen, um den Körper vor dem Austrocknen zu schützen. Da dieser zum Großteil aus Wasser besteht, ist Wasser auch das geeignetste Getränk, um den Zellen die benötigte Flüssigkeit zuzuführen. Die tatsächliche Menge Wasser (am besten stilles Wasser), die der Körper benötigt, liegt bei $1^{1/2}$ bis 2 Liter pro Tag. Neben der Menge sollte man auch auf die Qualität des Wassers achten.

Natürlich hat die Aufnahme von Wasser nichts mit dem Trinken von Alkohol und dem wahren Grund für dieses Buch zu tun, doch es steht unmittelbar mit dem Alkoholproblem in Verbindung. Denn meist nimmt ein Alkoholiker kaum noch reines Wasser zu sich, zumindest nicht in der benötigten Menge. Jedes Mal, wenn der Körper signalisiert – „ich brauche Flüssigkeit" – verknüpft sich dieser natürliche Impuls mit der Sucht. Der Abhängige verspürt dadurch den Wunsch nach Alkohol, anstatt dem Körper das lebensnotwendige Wasser zuzuführen. Auch wenn Bier und Wein zum Großteil aus Wasser bestehen, wirkt sich der darin enthaltene Alkohol negativ auf die Organe aus, indem er den Körperzellen Wasser entzieht und diese austrocknet. Das natürliche Gefühl von Durst wird dann übersetzt mit – „ich muss Alkohol trinken". Damit verstärkt der Süchtige seine Verhaltensmuster und sorgt dafür, dass sein Körper immer mehr dehydriert. Alkohol ist ein Gift, das die Zellen nach und nach zerstört.

Die Regelmäßigkeit, mit der ich meinem Körper ein Suchtmittel zufüge, bringt die Abhängigkeit. Natürlich

Signale, wie Durst und Hunger, sind oftmals die Auslöser. Um dieses Muster zu durchbrechen, muss man sich zu Beginn zwingen, bei Durst Wasser zu trinken, und um den Hunger im Zaum zu halten, etwas zu essen, etwas *Gesundes* zu essen, wohlgemerkt. Sonst kommt zur Alkoholsucht auch noch eine krankhafte Fettleibigkeit.

Um seiner Alkoholabhängigkeit auf die Schliche zu kommen, ist es in erster Linie wichtig herauszufinden, wofür man den Alkohol benutzt oder einsetzt. Es liegt mir fern, mich auf wissenschaftliche Statistiken zu berufen, aus denen hervorgeht, bis zu welcher Menge Alkohol gesundheitsfördernd und ab wann mit Gesundheitsschäden zu rechnen ist, weil Statistiken einfach nicht helfen, ein individuelles Trinkerschicksal zu beeinflussen. Jeder Abhängige hat seine persönlichen Muster, die er erkennen und auflösen muss. Es hilft nichts, sich an anderen zu messen. Jeder muss für sich selbst herausfinden, wo seine Grenzen liegen und was er vom Leben erwartet und welche Lebensqualität er haben möchte.

Ausschlaggebend ist beim „Suchttrinken" nämlich keineswegs die Menge. Es ist eine irrige Annahme, dass ein Trinker Unmengen Alkohol zu sich nehmen muss. Es gibt Menschen, die von einer Flasche Bier abhängig sind, was durchaus im Rahmen des „Normalen" liegt und demnach, „wissenschaftlich erwiesen", sogar noch gesund sein soll.

Als ich das zum ersten Mal gehört habe, musste ich lachen. Hätte ich nur ein Bier gebraucht, bis es „klick" macht, wäre mir niemals in den Sinn gekommen, abhängig zu sein. Bei genauerer Betrachtung stößt man jedoch auf das kleine Wörtchen „gebraucht". Man braucht also eine Flasche Bier, um die gewünschte Wirkung zu erzielen, wie auch immer diese Wirkung, individuell betrachtet, aussehen mag. Erhält der Süchtige täglich diese Flasche, wird er sich nicht auffällig benehmen.

Entzieht man ihm aber diese Ration, wird er vielleicht etwas unruhig. Durch den Entzug stellen sich dann womöglich Ausfallerscheinungen ein, wie z. B. Zittern, Schweißausbruch, Gereiztheit.

Diese Ausfallerscheinungen treten bei jedem in anderer Form auf. Es gibt hier keine allgemeinen Einheitswerte. Das soll zu diesem Thema zunächst auch genug sein. Beschäftigen wir uns lieber mit den Gründen, warum wir zum Alkohol nicht „nein" sagen können. Es gibt natürlich immer unterschiedliche Gründe, warum jemand trinkt, aber es gibt immer nur einen *bestimmten* Grund, warum wir angefangen haben zu trinken.

Diese Gründe, oder, diesen einen Grund im Besonderen zu erkennen, ist von größter Wichtigkeit, da wir dadurch künftig von vornherein Situationen vermeiden können, die uns in der Vergangenheit dazu Anlass gaben, zur Flasche zu greifen.

Es wird mir nicht gelingen, in Sie hineinzuschauen. Darin sehe ich auch nicht meine Aufgabe. Deshalb beschreibe ich einfach ein paar Möglichkeiten, die Sie entweder unverändert auf sich beziehen, oder aber entsprechend ergänzen können, um sich darin wiederzufinden:

- Frustration bei der Arbeit (viel Arbeit, -wenig Brot, cholerischer Chef, ekelige Kollegen, Mobbing, usw.)
- Minderwertigkeitskomplexe (man fühlt sich anderen an Kraft, Aussehen, Können, usw. unterlegen)
- Kontaktängste (Angst, sich evtl. vor anderen zu blamieren, Angst vor dem anderen Geschlecht,

ॐ

usw.)

- Schwellenängste (Angst vor neuen Situationen. Hier spielen wieder Minderwertigkeitsgefühle eine Rolle)
- Versagensängste (ob beruflicher oder privater Natur/bei Männern häufig Angst sexuell zu versagen)
- Existenzängste (Verlust der Arbeitsstelle, finanzieller Notstand, usw.)
- Lebensangst (ein Gefühl, überfordert zu sein/technischer Fortschritt, mit dem man nicht mithalten kann)
- Angst vor Verantwortung (Kinder, Familie, gesellschaftlicher Stand, vor beruflichen Aufgaben, usw.)
- Angst vor Krankheit
- Angst vor dem Tod
- Angst vor der Angst

Alles Ängste, die fast jeder Mensch hat. Und doch tun wir uns im Umgang mit ihnen sehr schwer und die Herangehensweise ist individuell unterschiedlich.

Meist setzen wir Angst mit Schwäche gleich. Zeigen wir unsere Angst, gelten wir somit vor unseren eigenen Augen als Schwächling. Aber als Schwächling wollen wir uns unter gar keinen Umständen bezeichnen lassen. Also spülen wir unsere Ängste einfach hinunter. Das geht auch eine ganze Weile gut. Doch der Preis, den wir dafür bezahlen, ist hoch. Unser eigenes Leben und das der Menschen, die uns lieben, ist unser Spieleinsatz.

Deshalb stelle ich ganz einfach die Frage: „Wer ist der größere Schwächling? Derjenige, der zu seiner Angst steht und zur Lösung seiner Probleme unter Umständen auch fremde Hilfe in Anspruch nimmt (Therapeut, Selbsthilfegruppe, Ehefrau, Partner, usw.), oder derjenige, der nach Feierabend seinen Frust mit Bier und Korn hinunterspült und danach bei seiner besorgten Frau und den unschuldigen Kindern den starken Max mimt? Spätestens am darauffolgenden Tag kommt die Angst in unverminderter Form zurück, angereichert mit Schuldgefühlen, die wir durch unser Verhalten im Rausch zusätzlich frei Haus geliefert bekommen, -falls wir uns noch daran erinnern.

Egal, ob *wir* uns daran erinnern oder ob uns unsere Familie daran erinnert, - Gründe für einen weiteren Absturz erhalten wir hier umgehend frei Haus geliefert.

Ausreichend für einen weiteren Absturz sind unsere Schuldgefühle, die nun erneut unbedingt ertränkt werden wollen. Da wir unsere Probleme nicht herauslassen und unser Lebenspartner uns durchschaut wie ein DIA, was wir als weitere Schmach betrachten, stürzen wir uns erst recht in die Schlacht mit dem eigentlichen Herrscher unseres Lebens, dem Alkohol.

Und so geht es weiter, bis die Partnerschaft oder Ehe zerbricht.

In der Gruppe, die ich wöchentlich besuche, höre ich fast immer dieselbe Aussage: „In meiner nassen Phase (die Zeit, in der man trinkt) habe ich mir sogar oft gewünscht, mein Partner/meine Partnerin würde mich endlich verlassen. Dann könnte ich wenigstens in aller Ruhe weitertrinken, ohne andauernd gemaßregelt zu werden".

Einige meiner Gesprächspartner, ich war da keine Ausnahme, haben sogar schon geplant, was sie dann mit ihren Ersparnissen alles anstellen könnten. Soweit kann diese Krankheit gehen.

Es gibt dabei keine Klassifizierungen hinsichtlich der Herkunft, des Geschlechtes oder des gesellschaftlichen Standes.

Alkohol ist die einzige Hilfe, die in diesem Stadium angenommen wird. Der Henker wird sozusagen gleichermaßen zum Richter und Beichtvater in einer Person.

Machen Sie sich also sofort daran und teilen Sie Ihre Sorgen und Ängste, und erscheinen Sie ihnen noch so belanglos, Ihren nächsten Familienmitgliedern mit. Sollte Ihr Schamgefühl zu groß sein, gehen Sie zu einem neutralen Gesprächspartner, z. B. Ihrem Hausarzt, einem Therapeuten oder am besten gleich in eine Selbsthilfegruppe. Dort schlagen Sie gleich zwei Fliegen mit einer Klappe:

In der Gruppe können Sie sich Ihre Sorgen und Ängste von der Seele reden und merken, dass Sie damit nicht allein sind.

Hier lernen Sie gleichzeitig die Schattenseiten des Alkohols durch andere Betroffene kennen und erhalten viele Lösungsansätze.

Den Tipp mit der Gruppe werden Sie übrigens noch öfter von mir erhalten.

Wenn Sie Ihre Angst, über Ihre Angst zu reden, überwunden haben, werden Sie täglich selbstbewusster.

Das heißt nicht, dass Sie somit auch schon Ihr Alkoholproblem gelöst haben. Dieses, und das klingt vielleicht etwas hart, wird Sie Ihr ganzes Leben über begleiten.

Dieser Gedanke steigert im Moment vielleicht noch ihre Angst, aber keine Sorge, dieses Gefühl wird nachlassen, - lesen sie einfach weiter.

Mit der Zeit lernen Sie, Ihre Ängste und Sorgen als Marksteine zu persönlichem Wachstum zu schätzen.

Jede Überwindung dieser scheinbaren Hürden bringt Sie menschlich ein Stück weiter. Nur wer gegen den Strom schwimmt, gewinnt an Kraft. Und Sie schwimmen ab jetzt gegen den Strom, denn wir, nennen wir uns mal „trockengereifte Alkoholiker", bewegen uns nüchtern und ausgeglichen in einer wahrlich „ertrinkenden" Gesellschaft.

ALKOHOL, DIE GESELLSCHAFTSDROGE

Bitte erschrecken Sie jetzt nicht, wenn ich gleich so hart ins Gericht gehe. Aber das hat seine Gründe.
Je schneller Sie sich in den geschilderten Situationen erkennen, desto eher sind Sie bereit, sich zu Ihrem eigenen Wohle, zu diesem besonderen Kreis der trockenen Alkoholiker zu zählen. Und warum dies ein besonderer Kreis ist werden Sie schon sehr bald am eigenen Leib verspüren.
Beobachten Sie einmal das Trinkverhalten Ihrer Mitmenschen. Da gibt es ein paar wenige, die überhaupt keinen Alkohol trinken, eine große Menge Zeitgenossen, die keinen Krug an sich vorüberziehen lassen, einige, die noch wesentlich mehr trinken als Sie. Ein verschwindend kleiner Anteil jener, die schlechte Erfahrungen im Umgang mit Alkohol gemacht haben und deshalb heute darauf verzichten und natürlich diejenigen, die sich genüsslich hin und wieder ein Gläschen gönnen (können).
Zu welcher Kategorie zählen Sie sich?
Lassen Sie uns einmal gemeinsam die einzelnen Gruppen näher betrachten. Um sein Alkoholproblem zu lösen, sollte man prinzipiell etwas genauer (ehrlicher) hinschauen. Nicht etwa, um von sich selbst abzulenken und andere in gewisse Schubladen zu stecken, sondern aus reinem Eigennutz. Sie sollten sich nämlich genau überlegen, aus welcher Ecke Sie die beste Hilfestellung erwarten können.

Hier ein paar meiner persönlichen Erfahrungen:

Menschen, die noch nie in ihrem Leben Alkohol getrunken haben, waren nie sehr lehrreich für mich. Sie konnten nie verstehen, dass ich trinke. In Ihren Augen bleibe ich wahrscheinlich immer ein seltsamer Vogel, der sich und sein Leben nicht im Griff hat. Von diesen, von Geburt an nüchternen Menschen, holen wir uns anstelle der benötigten Hilfe, meist nur eine „blutige Nase". Wie sollen sie sich auch jemals in Ihre Lage versetzen können? Es fehlt ihnen hierzu doch schlichtweg die nötige Erfahrung und das entsprechende Verständnis.

Widmen wir uns also den Menschen, die keinen Krug an sich vorüberziehen lassen. Zum einen war ich selbst einmal einer von denen, weshalb ich mir (Selbst-)Kritik durchaus erlauben darf, und mir zudem mittlerweile verziehen habe. Zum anderen sind gerade diese Promille – Helden oftmals an vielen Rückfällen beteiligt. Meiden Sie in Ihrer anfänglichen „Trockenphase" unbedingt den Umgang mit diesen Menschen. Sie sind am Anfang noch zu „schwach", um den animierenden Parolen zu widerstehen. Da die meisten von diesen „Schluckspechten" selbst ein ausgewachsenes Alkoholproblem haben, aber in der Tat noch zu „schwach" sind, sich helfen zu lassen, geschweige denn die Sucht zuzugeben, erhalten Sie dort überhaupt kein Verständnis für Ihre Situation. Diese „Falschen Freunde" werden alles daransetzen, Sie von Ihrem Willen, ein abstinentes Leben führen zu wollen, abzubringen. Sie werden Sie einen Feigling, Schwächling und was sonst noch alles nennen, nur um von den eigenen Schwachstellen abzulenken. Machen Sie nicht den Fehler, andere missionieren zu wollen, ich spreche da wirklich aus Erfahrung, - Sie schaden sich selbst. Sie können niemand zu seinem Glück zwingen. Jeder muss die Entscheidung selbst treffen. Gehen Sie einfach selbstbewusst davon aus, dass Sie um Ihren Mut beneidet werden. Denn jeder mutige Mensch wird insgeheim beneidet. Und diesmal sind SIE der Mutige. Es gehört in der Tat eine gehörige Portion Mut dazu, sich dieser neuen Aufgabe zu stellen. Schließlich stehen Sie „fast" allein Ihren Mann. Deshalb nur „fast", weil Sie ein ganzes Heer von Wissen und Persönlichkeiten hinter sich haben, die genau wie Sie, einmal ohne Erfahrung und Hintergrundwissen in ein neues, ausgeglichenes und trockenes Leben gestartet sind. Nutzen Sie diesen Wissensfundus so gut und oft wie möglich, bestärken Sie damit ihr Bewusstsein, dass Sie niemals allein sind. Ganz allein sind Sie erst dann, wenn Sie wieder zur Flasche greifen und Ihre alten Stammtischbrüder über Ihr Scheitern frohlocken und Ihr Partner endgültig die Koffer packt und aus ihrer gemeinsamen Wohnung auszieht. Entrinnen Sie zunächst sämtlichen Versuchungen, wieder zur Flasche zu greifen und lernen, und freunden Sie sich mit alkoholfreien Getränken an, willentlich.

TIPP: Suchen Sie sich zu Beginn Ihrer Trockenheit sofort ein alkoholfreies Getränk, welches Sie zu Ihrem Lieblingsgetränk ernennen. Es sollte Ihnen schmecken, leicht verfügbar sein (z. B. ein Glas Mineralwasser mit einem Spritzer Zitronensaft) und möglichst keine anderen körperlichen Schäden hervorrufen. Das heißt, vermeiden Sie kalorienreiche Getränke, die vielleicht gut schmecken, Sie aber durch Übergewicht schon bald andere gesundheitliche Probleme bekommen. Mit der Wahl eines Lieblingsgetränks schlagen Sie gleich mehrere Fliegen mit einer Klappe:

Sie gewöhnen sich schnell an diesen neuen, aber durchweg

gesunden Geschmack, was Sie Ihr früheres, alkoholisches Lieblingsgetränk vergessen lässt.

Sie führen dadurch ihrem Körper ausreichend Flüssigkeit zu und stillen damit gleichzeitig die Lust oder das Bedürfnis nach weiteren Getränken. Sie haben bei Einladungen auf fremdem Terrain sofort eine Antwort parat: „Was willst Du trinken? Ich habe Bier, Wein, Sekt, Cognac!" Sie werden diese Situation noch häufiger erleben. Der trinkfreudige Gastgeber sucht krampfhaft nach einem Saufgenossen. Sobald Sie aber auf Frage, „was willst du trinken?" wie aus der Pistole geschossen antworten, „ein Mineralwasser mit einem Schuss Zitrone", nehmen Sie ihm den Wind aus dem Segel und behalten die Oberhand. Sie sind ihm nach Äußerung Ihres „alkoholfreien" Wunsches vielleicht nicht mehr ganz so sympathisch, aber darüber kommen Sie doch sicherlich hinweg, nicht wahr? (Weitere Verhaltensratschläge folgen zu einem späteren Zeitpunkt)

Ein absolut falscher Maßstab ist jener Mensch, der noch mehr trinkt als Sie. Wie zuvor angesprochen, spielt die Trinkmenge bei der Sucht keine Rolle. Was und wieviel ein Mensch verträgt ist ausschließlich von seiner Konstitution und seinem „Eichmaß" abhängig. Bei regelmäßigem Alkoholgenuss treibt man die Toleranzgrenze in den ersten Jahren unweigerlich nach oben. Ohne Alkohol geht dann nichts. Später aber, sinkt die Toleranzgrenze, weil die Leberleistung nachlässt. Dann geht auch mit Alkohol nichts mehr. Schon kleinste Mengen setzen dem Menschen dann zu und hindern ihn daran, an einer Gemeinschaft teilnehmen zu können. Solange Sie also noch klar denken können, sollten Sie sich immer wieder fragen: „Was ist das Schöne an einem Rausch? Die morgendlichen Kopfschmerzen? Das flaue Gefühl im Magen? Die geröteten Augen? Das zerstörte Selbstwertgefühl am Tag danach? Tatsächlich ist es die Ausgelassenheit, die herabgesetzte Hemmschwelle, das plötzliche Gefühl, Herr der Lage zu sein. Dafür nehmen wir stets wieder selbst den größten Kater in Kauf. Da soll mir doch einer sagen, er würde aus Genuss zehn Flaschen Bier trinken. Das ist doch einfach lächerlich. Echter Genuss sieht mit Sicherheit anders aus. Es hilft Ihnen nicht zu denken, dass erst diejenigen, die mehr trinken als Sie, Trinker sind und Sie deshalb meilenweit weg von dem Problem „Alkoholsucht".

Tatsache ist, dass es unserer Natur entspricht, keinen Alkohol zu trinken. Unser Körper ist zäh und leistungsfähig. Er repariert kleinere Schäden selbstständig, ohne, dass wir das merken. Doch er ist nicht dafür gemacht, ständig Nervengift zu verarbeiten. Wenn wir Alkohol trinken vergiften wir unseren Körper. Er kämpft dann dagegen an und versucht, das Gift loszuwerden. Das äußert sich in

- Kopfschmerzen
- Übelkeit
- Schwindel
- Zittern
- Schwitzen
- Frieren
- Taubheitsgefühl auf der Haut
- Usw.

Kurzum, der Körper fährt alle Energie hoch, um zu überleben.
Sie haben die Macht darüber, ob Sie ihm das länger zumuten wollen, oder ob Sie ernsthaft anfangen, auf die

Einnahme von Gift zu verzichten.

Nun noch ein paar Worte zu denen, die tatsächlich nur hin und wieder ein Gläschen trinken. Glauben Sie, Sie können von Menschen etwas lernen, die genüsslich den ganzen Abend an einem Gläschen Wein nippen? Denken Sie, diese Menschen haben Verständnis für Ihr Problem? Vielleicht, aber vielleicht auch nicht! Es kommt darauf an, in welchem Maße sie Mitgefühl und Verständnis für Ihre Situation aufbringen können. Durchschauen diese Genusstrinker, wie schlecht und minderwertig wir sind? Ganz so deutlich möchte ich es nicht ausdrücken. Doch ein Funke Wahrheit finden wir sicherlich darin.

Das Gefühl, wenn wir das fünfte Bier in uns hineinschütten (müssen), während der andere genüsslich an seinem ersten Glas nuckelt ist doch wie ein Hammerschlag. In diesem Moment muss uns doch klarwerden, dass wir ein nicht ganz „normales" Trinkverhalten an den Tag legen. Dies zu erkennen ist doch eigentlich eine enorme Erkenntnis, die Sie sich für Ihre künftige alkoholfreie Zeit vor Augen halten sollten, oder etwa nicht?

Sprechen Sie einen Menschen mit einem gesunden Genussverhalten um Hilfe an, wird er sich vielleicht Ihrem Problem annehmen, da er möglicherweise ausgeglichen und selbstbewusst ist, sicherlich aber keine Probleme im Umgang mit Alkohol hat, aber gerne etwas darüber erfahren möchte.
Ich persönlich habe mich während meiner Hilfesuche hin und wieder an solche Menschen gewandt. Allerdings darauf geachtet, dass diese Personen absolut loyal und zuverlässig waren. Es war mir dabei durchaus möglich, mir meinen

Kummer von der Seele zu reden, doch auch hier hatte ich immer das Gefühl mit einem Tänzer über Football zu sprechen.

Sie konnten mein Problem einfach nicht verstehen und noch viel weniger diesen vernichtenden Drang, sich betrinken zu müssen.

Jeder meiner Gesprächspartner aus dem Lager der Genießer drückten mir ihr Bedauern und Mitleid aus, aber keiner konnte mir aufzeigen, wie man aus dem Teufelskreislauf herauskommt. Nach diesen Gesprächen war mir trotz der erfolgten, momentanen „Problem-Entladung" auch nicht wohler zumute.

Meist endete so ein Exkurs in einem weiteren Besäufnis, da mir danach noch viel klarer wurde, dass ich nicht normal war.

Keiner konnte richtig mitfühlen, was es bedeutet, trinken zu müssen.

Hilflosigkeit und ein Schamgefühl, sich vor einem „normalen" Menschen diese vermeintliche Blöße gegeben zu haben, zogen mich dann noch weiter nach unten. Irgendwann kam ich dann an dem Punkt an, an dem ich mein Los ganz allein tragen wollte. Ein Gespräch mit einem trockenen Alkoholiker hingegen, ist jederzeit eine Wohltat. Hier hört man Dinge, die man kennt. Es folgen so viele „Aha –Effekte", da man sich in den gehörten Erzählungen wiederfindet.

Nun haben Sie den richtigen Gesprächspartner gefunden. Bleiben Sie am Ball. Hier werden Ihre Fragen endlich beantwortet. Sie erfahren zum ersten Mal, dass Sie „krank" sind- und dabei aber gleichzeitig völlig normal. Sie können sehr wohl etwas dafür, dass Sie trinken, doch nichts dafür, dass Sie trinken „müssen".

Darin liegt der Unterschied zwischen einem kranken und einem gesunden Trinkverhalten.

Die Erkenntnis bei dieser Feststellung ist aber noch viel wichtiger, nämlich, dass man für sein Verhalten während der Trinkzeit nicht unbedingt voll verantwortlich ist. Der Alkohol übernimmt in dieser Zeit das Ruder und er verändert jeden Menschen.

Einer wird lustig, der andere müde. Ein weiterer hat ein verstärktes Verlangen nach Zärtlichkeit, wogegen ein anderer alles kurz und klein schlägt.

Endlich hören Sie, dass Sie sich verzeihen dürfen. Ist das nicht eine riesige Erleichterung?

Um aber den Ernst der Sache nicht aus den Augen zu verlieren, möchte ich deutlich anmerken: „Alles Verzeihen hat seine Grenzen. Sich nicht zu verzeihen ist ein weiteres „sich Gehenlassen" und Teil der Sucht. Wer weiß, was noch alles passieren kann, wenn Sie weitertrinken. Verzeihen dürfen Sie sich, wenn Sie die feste Absicht haben, Ihr Leben von nun an ohne Alkohol zu gestalten".

Trockene Alkoholiker sind ja keine Unmenschen. Sie verzeihen auch einen Rückfall. Allerdings nur dann, wenn Sie sich unmittelbar danach dazu bekennen und dann weiter an sich arbeiten, damit dieser auch der „Letzte" war.

Sie können natürlich auch so weitermachen wie bisher. Sie entscheiden, in welchem Zustand sie leben, und letztlich auch sterben wollen, niemand sonst. Sehen Sie jegliche Hilfe von mir und Ihrer künftigen Therapiegruppe als Sprungbrett an, ein Sprungbrett, das Ihnen helfen soll, Ihre, durch den Alkoholkonsum entstandenen Probleme, in den Griff zu bekommen.

Probleme, die Sie dazu brachten, mit dem Trinken zu

beginnen, müssen Sie in sich selbst erkennen und auflösen. Haben Sie dabei die Funktion unseres Sprungbretts vollständig begriffen und ausgenutzt, tauchen Sie erneut in den stürmischen Ozean des Lebens ein und müssen dann selbst ein paar Schwimmzüge unternehmen, um nicht erneut unterzugehen.

Glauben Sie ja nicht, dass Sie ohne Alkohol keine Probleme mehr haben werden. Im Gegenteil, zu Beginn der Trockenheit werden Sie mit Problemen geradezu überhäuft. Da ist ein Berg von unerledigten Arbeiten, zu deren Bewältigung Sie während Ihrer Trinkphase keine Kraft hatten, egal, ob auf geschäftlicher oder privater Ebene. Die Gefühlsblockade Ihres Lebenspartners entpuppt sich möglicherweise als echtes Hindernis.
Bedenken Sie, dass er oder sie Ihre Taten der letzten Jahre nicht so schnell vergessen kann. Nun sind Sie an der Reihe, Verständnis aufzubringen und jede Menge Geduld.
Selbstverständlich wird Ihnen zur Lösung dieser Probleme auch hier niemand Hilfe aufdrängen. Wollen Sie sich aber Hilfe holen, erhalten Sie auch diese. Gehen Sie weg von der völlig idiotischen Einstellung: „Ich brauche keinen Therapeuten. Ich bin doch nicht verrückt!" Oder „Ich schaffe das allein!"

Sie wissen aus eigener Erfahrung, wohin das Verdrängen von Ängsten und Sorgen führt. Hat Ihre Ehe durch Ihre Sauftouren Schaden genommen, gehen Sie mit Ihrem Partner doch zu einer Eheberatung oder nehmen sie ihn mit zu einem Gruppengespräch der Anonymen Alkoholiker.

Doch um sich nicht zu verzetteln, gehen Sie zunächst das Hauptproblem an - Ihre Alkoholabhängigkeit. Haben Sie die ersten Wochen ohne einen Tropfen überstanden, können Sie wieder klarer denken und sind von sich aus bereit, und auch wieder in der Lage, die Dinge beim Schopf zu packen.

ALKOHOL – DAS MITTEL ZUM ZWECK?

Die Menschen, die über einschlägige Erfahrungen auf diesem Gebiet verfügen, machen alle die gleiche Aussage: „Ich habe den Alkohol bewusst eingesetzt!"
Gehen Sie nun ebenfalls mit der nötigen Einstellung an diese Aussage heran, werden Sie vielleicht auch hier ein paar Parallelen zu Ihrem Trinkverhalten finden.

„Die Sucht beginnt mit dem gezielten Einsatz der Droge!"
Da Alkohol in unserem Land nicht unter das Drogengesetz fällt und zudem eine enorme staatliche Einnahmequelle darstellt, können wir, wann und wo wir wollen, in den Besitz dieses „Giftes" kommen und das zu einem relativ günstigen Preis.
Gerade diese „Legalität" vermindert die Wahrnehmung der darin verborgenen Gefahr. Nehmen Sie einem Bayer seinen Maßkrug weg, ist er nur noch ein halber Mensch. Ein Franzose ohne Rotwein ist wie Spanien ohne das Meer.

Alkohol ist ein Teil unserer Kultur geworden. Geworden deshalb, weil er nicht von Beginn der menschlichen Spezies an vorhanden war. Er ist kein „echtes" Geschenk von Mutter Erde, sondern eine Erfindung des Menschen.
Erst er, mit seinem ungebremsten Erfindergeist, hat diesen Stoff mit all seinen „schönen" Nebenwirkungen für sich entdeckt und gleichermaßen glorifiziert.

Wie schon eingangs angemerkt ist Alkohol aus medizinischer Sicht auch tatsächlich nicht schädlich, allerdings nur in ganz geringen Dosen.

Vor kurzem hörte ich im Radio einen Arzt, der zu diesem Thema einen passenden Witz erzählte:

„Ruft ein Ernährungswissenschaftler seinen Kollegen an und sagt: ´Ich habe zwei Nachrichten für dich. Eine gute und eine schlechte. Die gute ist: Alkohol ist gesund. Die schlechte – die Menge eines Fingerhutes ist die Obergrenze´.

Hebt man den Alkohol in den Stand eines Genuss- bzw. Nahrungsmittels, nimmt man ihm unweigerlich die Stellung einer Droge oder eines Medikamentes, stimmts?

Ganz „Schlaue" habe ich schon sagen hören: „Schließlich waren Mönche, also gottesfürchtige Menschen, die Urheber dieses Kulturgutes. Was kann daran also schlecht sein?"

Wie unser Erfindergeist, ist auch unser Repertoire an Entschuldigungen und Ausreden, unbegrenzt. Als Alkoholiker kann ich hierauf nur antworten: „Sie haben Recht. Am Alkohol selbst ist nichts Schlechtes zu finden!"

Ein Auto an sich ist grundsätzlich auch keine Gefahr. Setze ich mich jedoch ohne Fahrkenntnisse hinter das Steuer, und lasse dabei sämtliche Verkehrsregeln außer Acht, entwickelt sich so ein Vehikel ganz schnell zu einer todbringenden Waffe.

Es ist grundsätzlich notwendig, alle menschlichen Errungenschaften zu relativieren und zu hinterfragen.

Für einen gesunden Menschen, also kein Suchtkranker, der Alkohol tatsächlich „nur" als ein Nahrungsmittel betrachtet, wird sich sicherlich mit einem Gläschen zufriedengeben und deshalb keinen Schaden nehmen.

Mit einem gesunden Menschen, und dessen „natürlichem" Trinkverhalten, dürfen wir uns eben nicht vergleichen.

Sobald wir Alkohol aus irgendeinem Grund trinken, haben wir ein Problem. Von diesem Moment an <u>müssen</u> wir trinken!

Alkohol ist in der Regel immer ein Mittel zum Zweck. Das muss Ihnen klarwerden. Denken Sie mal ehrlich darüber nach, was Ihnen als Kind geschmeckt hat. War das Saft, Milch, Wasser oder Limonade?
Erinnern Sie sich noch daran, als Sie das erste Mal vom Bier eines Erwachsenen getrunken haben? Ich kann mich noch heute daran erinnern, wie ich mich vor Ekel schüttelte.
Seit der Jugend sind wir einer regelrechten Gehirnwäsche ausgesetzt. In jedem Film sehen wir, wie heldenhafte Männer ihren Frust mit Whiskey hinunterspülen und ahmen sie dann nach. Solange, bis uns nicht mehr auffällt, dass wir diese Männer nicht sind und, dass unsere Probleme durch den Verzehr von Alkohol nicht verschwinden.
Alkohol zu trinken, halten wir mittlerweile für derart normal und mehr nicht, dass wir dadurch untergehen.
Es liegt nur an uns, ob und wie weit wir uns von diesem Stoff versklaven lassen.
Der Stellenwert ist das Übel des Ganzen. Erst wenn Sie akzeptieren, dass Sie Alkohol einfach nicht vertragen und dann damit aufhören, sich für dessen Konsum zu bestrafen, holen Sie ihn von seinem Podest. Machen Sie an dieser Stelle am besten eine Aufstellung, welche Vor- und Nachteile ein Weitertrinken bringen würde.

Das ist bestimmt sehr aufschlussreich. Sie werden mit Begeisterung feststellen, dass die Akzeptanz Ihrer Krankheit und die notwendigen Änderungen, die zum Stillstand dergleichen führen, durchweg befriedigende Resultate hervorbringen wird.

Wie so eine Liste aussehen kann, zeigt folgendes Beispiel:

Welche negativen Folgen hat ein Weitertrinken auf mein künftiges Leben?

- Physische Schäden
- Psychische Schäden
- Verlust des Arbeitsplatzes
- Mein Partner/in verlässt mich
- Finanzielle Nöte
- Der soziale Abstieg
- Usw.

Führen Sie die Liste nach Belieben weiter.

Was bringt eine dauerhafte Abstinenz für meine Persönlichkeit?

- Gesundheit
- Ausgeglichenheit
- Vitalität
- Lebensmut
- Ein intaktes Familienleben
- Selbstbewusstsein
- Usw.

Führen Sie die Liste nach Belieben weiter.

Eine Bilanz wie diese erleichtert Ihnen die Entscheidung,

welcher Weg der richtige ist. Hier werden Sie durch die Niederschrift der tatsächlichen Probleme, die Ihrem Alkoholkonsum zuzurechnen sind, einen Überblick erhalten und sich positiv stimulieren können.

Wie schon zuvor festgestellt, benötigen Sie dazu einen festen Willen und jede Menge Ehrlichkeit.

Machen Sie Schluss mit Ihren alten Lügen und Gewohnheiten. Sprüche, wie -"ich trinke gern", „Bier schmeckt mir eben" und, „man kann sich doch einmal ein Gläschen gönnen" - sind nicht nur unangebracht, sondern ausgesprochen dumm.
Diese Aussagen sind Abfallprodukte der Sucht. Sie sind die „echten" Teufel, die sich unter dem Decknamen „Alkohol" IHRES Lebens bemächtigen.
Denn der Alkohol ist neutral. Ihm ist vollkommen egal, ob Sie süchtig werden oder nicht.

ZWEI ARTEN DER ABHÄNGIGKEIT

Als abhängig bezeichnet man im allgemeinen Menschen, die beim Entzug ihrer Droge Ausfallerscheinungen aufzeigen, die sich bei jedem unterschiedlich äußern. Der Betroffene fängt vielleicht an zu zittern, schwitzt übermäßig stark, friert, im Extremfall hat er Halluzinationen, verliert das Bewusstsein, oder seine Organe legen die Arbeit nieder.
Wie bei vielen Dingen, vor denen wir Angst haben, setzen wir auch hier unsere Scheuklappen auf.
Wir weisen aus Angst alle Warnzeichen von uns, selbst von einer solchen Krankheit heimgesucht werden.
Mit Übertreibungen beruhigen wir uns auf eine leicht

nachvollziehbare Art. Diese Übertreibungen sind nämlich oft derart hochstilisiert, dass wir die echten Symptome an uns nicht feststellen.

Somit sind wir zunächst einmal außer Gefahr. Schließlich zittern wir ja nicht und sehen auch keine weißen Mäuse. Demnach sind wir ja ganz offensichtlich nicht von der Sucht betroffen.

Als damals die ersten Aids-Todesfälle bekannt wurden, hat jeder laut geschrien: „Das kann mir nicht passieren. Das trifft doch nur Schwule und Fixer!"

Da in dieser Anfangsphase das Wissen über diese Krankheit in der Tat noch in den Kinderschuhen steckte, und zudem offenbar nur wenige Menschen mit „extremen" sexuellen Ausschweifungen der Öffentlichkeit bekannt wurden, wie z.B. Künstler, Schauspieler, Persönlichkeiten aus der Szene, schien man als Otto-Normalverbraucher aus dem Schneider zu sein.

Bestürzt und empört über das andersgeartete Sexualleben dieser Menschen, haben wir unsere reine, unantastbare Lebensweise in aller Öffentlichkeit demonstriert.

Obwohl wir durchaus in der Lage waren, Mitleid zu empfinden, war zunächst die Verurteilung der Betroffenen stärker.

Trifft uns eine solche Krankheit, wie AIDS, werden wir vom Großteil der Gesellschaft ausgestoßen.

Genauso ist es bei der Alkoholkrankheit. Es gibt da keinerlei Unterschiede.

- Sie ist auf Dauer ebenso tödlich wie AIDS.
- Sie trifft nur einen bestimmten Personenkreis
  (das denken wir nur)
- Sie ist genauso „Image - schädigend".

Auch ein „entlarvter" Trinker wird, wie ein Aids-Kranker, von der Gesellschaft gemieden, weil er mit dem Penner auf der Parkbank gleichgestellt und somit in eine Rolle gepresst wird, die Angst bereitet.

Bei dem Penner wissen wir, dass sein übertriebener Alkoholgenuss Schuld an seiner jetzigen Situation hat. Und Alkohol trinken wir schließlich auch.

Deshalb ist in diesem Fall, im Gegensatz zu AIDS, das im Volksmund ja ohnehin nur „Schwule" trifft, eine komplexere Betrachtungsweise vonnöten, um sie zu durchschauen.

Schieben wir dazu erst einmal die zuvor genannten Symptome, wie das starke Zittern, die Halluzinationen, in den Vordergrund und machen diese sogleich zum Maßstab für die Schwere der Krankheit.

Doch die begleitenden Symptome sind in Wirklichkeit weitaus subtiler, da sich die Sucht in zwei Kategorien aufteilt.

1. Die psychische Abhängigkeit
   und
2. Die physische Abhängigkeit

Beide Arten der Sucht müssen nicht gemeinsam auftreten. Die physische Abhängigkeit tritt meist erst später auf, wenn die psychische Abhängigkeit schon lange unser Leben beeinflusst hat.

Wie schnell man psychisch abhängig wird kann man nicht verallgemeinern. Tatsache ist jedoch, dass man von dem Moment an abhängig ist, in dem man den Alkohol **gezielt einsetzt und diesen Vorgang in regelmäßigen Abständen wiederholt.**
Es fängt meist beim sogenannten Erleichterungstrinken an.
Die Gründe sind hierbei meist gar nicht deutlich zu erkennen.
Man trinkt einfach um abzuschalten.
Man empfindet anfänglich keinerlei Abweichungen von dem, von der Gesellschaft als „normal" bezeichneten, Trinkverhalten.

Langsam aber stetig setzt man den Alkohol häufiger ein, bis man letztlich „ohne" an keinem gesellschaftlichen Ereignis mehr teilnehmen kann.
Der Tagesablauf ist durchsetzt von Tätigkeiten, die die Grundlage für Rituale bieten.
Man trinkt zum Frühstück ein Glas Sekt, um den Kreislauf in Schwung zu bekommen, nach dem Essen einen Schnaps, um die Verdauung anzuregen. Und so weiter und so weiter.

Die „psychische" Abhängigkeit nimmt nun ihren Lauf und endet, durch eine ständig höhere Dosierung der Trinkmenge, womöglich in der physischen Abhängigkeit.
Dann ist der Kreislauf zwischen den beiden Suchtarten geschlossen.

Neben der aufgeputschten Seele schreit nun noch zusätzlich der Körper nach dem „liebgewonnen" Nervengift.
Dieses Gift reiht sich unmerklich in unser Stoffwechsel-System ein und wird schon bald ein körpereigener Stoff, der

zum Erhalt der Leistungsfähigkeit benötigt wird, genau wie Kalzium, Magnesium, Eiweiß, usw.

Gibt man dem Körper nicht die benötigte Menge, meldet er sich mit den bereits beschriebenen Symptomen, wie Zittern, Schweißausbrüche, Angstzustände, etc.

Doch nicht nur bei der körperlichen Abhängigkeit erhalten wir eine Rückkoppelung unseres gestörten, inneren Gleichgewichtes.
Auch bei der rein psychischen Abhängigkeit empfinden wir ein unangenehmes Gefühl.

Führen wir unserem Körper, sprich Geist, keinen Alkohol zu, werden wir nervös, gereizt und fühlen uns förmlich von der Flasche angezogen.
Bei keinem anderen Stoff, den unser Körper zur einwandfreien Funktion benötigt, wissen wir so sicher, dass ein Mangel besteht. Beim Alkohol handelt es um ein Gift, das in unserem Inneren sofort Platz 1 in der Rangliste einnimmt. Hat er sich erst einmal eingenistet, schreit er nach Befriedigung, und wehe dem, der nicht nachgibt.

Allein die psychische Abhängigkeit ist ausreichend, um unser Leben in eine Hölle zu verwandeln.
Das fatale bei der Alkoholsucht ist, dass nicht nur das Leben des Abhängigen auf dem Spiel steht. Die durch die Sucht veränderten Verhaltensweisen, machen auch das Leben seiner Mitmenschen zur Qual.

Viele reagieren mit Angst, wenn sie erkennen, dass durch ihr Trinkverhalten andere zu Schaden gekommen sind. Sie fühlen sich schuldig. Deshalb ist es so wichtig, dass Sie sich ernsthaft mit der Sucht auseinandersetzen und ihre innere Funktionsweise kennenlernen. Mit Angst kann man gewiss keine Besserung erzielen. Die Angst kann vielleicht etwas mithelfen den Entschluss, nicht mehr trinken zu wollen, schneller in die Tat umzusetzen.

Doch auf lange Sicht gesehen, hilft nur ein ständiger Reifeprozess.

Die Erkenntnis, dass sich die „Penner" am Ende ihrer Trinkerlaufbahn befinden und nicht am Anfang, ist sehr ernüchternd. Auch sie haben einmal „klein" angefangen. Um dort unten anzugelangen, haben sie einige Äste ihres Lebensbaumes absägen müssen.

Die Ignoranz, und die damit einhergehende Denkweise, „mich kann so ein Schicksal nicht erfassen" ist der Anfang eines langen, schmerzvollen Abstieges.

Muss es soweit kommen? Das liegt allein in Ihrer Macht.

Auch ich hatte Glück im Unglück. Gott sei Dank gingen nicht alle meine weltlichen Errungenschaften in die Brüche.

Viele meiner Kollegen und Freunde haben gar nicht wahrgenommen, dass ich ein Alkoholproblem habe. Sie sehen, ich sage nicht „hatte", denn die Krankheit ist auch noch nach Jahren der Trockenheit allgegenwärtig. Ein Alkoholiker bleibt ein Alkoholiker, bis an sein Lebensende. Keine Angst, es gibt wirklich Schlimmeres. Das Gute dabei ist, dass Sie allein darauf Einfluss haben, ob Sie gesund bleiben oder nicht.

Man ist während der Trockenheit eben nicht „akut" krank, aber ein winziger Schluck kann dies ändern.

NIE MEHR ALKOHOL

Dieser Punkt ist für viele unvorstellbar, für einen Alkoholiker aber eine lebenswichtige Grundlage.

Oft werde ich darauf angesprochen, ob mich ein kleiner Schluck sofort wieder abhängig machen würde. Um diese Frage ausreichend zu beantworten muss ich ein wenig ausholen. Das lässt sich nicht mit einem Satz erklären.

Bei der Alkoholsucht handelt es sich von vornherein um eine psychische Krankheit. Wie die geschilderten Beispiele zeigten, setzen wir den Alkohol ein, weil wir uns dadurch gewisse Wirkungen versprechen.

Die psychische Abhängigkeit ist der Beginn der Sucht. Also werde ich, und damit spreche ich für alle trockenen Alkoholiker, peinlichst darauf achten, nie mehr *bewusst* auch nur einen Tropfen zu trinken.

Das gilt für jegliche Art von Alkohol. Selbst eine Soße, von der ich weiß, dass sie mit Alkohol abgeschmeckt ist, werde ich nicht zu mir nehmen. Ich habe aber schon oft im Nachhinein erfahren, dass sich in der gerade verspeisten Mahlzeit Alkohol befand, und das hatte keine Auswirkungen auf mich.

Während der Trinkzeit wird die orale Aufnahme von Alkohol zu einem Ritual. Wir wissen genau, welche (gewollte/ersehnte) Wirkung die Einnahme des Alkohols auf unseren Körper hat.

Das Ritual - „Flasche nehmen, öffnen, an den Mund führen, schlucken, die Wirkung abwarten - ist fest in unserem Unterbewusstsein verankert.

Wir bringen jeden einzelnen Schritt unweigerlich miteinander in Verbindung. Das Trinken besteht somit nicht aus dem eigentlichen, natürlichen Schluckvorgang, sondern ist ein komplexer Ablauf von Gewohnheiten. Und diese Gewohnheiten werden zu unbewussten Mustern, die wir schon nach kurzer Zeit nicht mehr wahrnehmen.

Das Trinken und vor allem das dazugehörende „Drumherum", ergeben schließlich ein festes Ablaufschema, das nach einer gewissen Zeit ein gewisses Strickmuster in unserem Organismus bildet,- es wird sozusagen zu unserem zweiten ICH.

Dieses zweite Ich übernimmt bei jedem Suchtkranken fortan das Kommando. Dieses, außerordentlich egozentrische, „Kontrollorgan", achtet auf die kleinste Gelegenheit, die Macht an sich zu reißen, um das eigentliche, gesunde Ich, auszuschalten.

Auch wenn wir uns stark fühlen und unser Wille, nichts mehr trinken zu wollen, ungebrochen ist, führt die Sucht einen sehr subtilen, undurchschaubaren Kampf, den wir nicht gewinnen werden. Wir müssen immer auf der Hut sein.

Ein fester Wille hilft uns, mit dem Trinken aufzuhören, aber das Wissen über die Anzeichen eines nahenden Rückfalls hilft uns, die Übersicht zu bewahren. Man darf die Suchtkrankheit nie unterschätzen.

Stellen Sie sich an dieser Stelle einmal folgendes vor:

Sie sind gesunder Mensch, solange Sie Ihrer Alkoholsucht keine Nahrung geben. Sie ist, solange ihr Herr keinen Alkohol zu sich nehmt, quasi in ihrem Verließ eingesperrt. Jetzt könnten Sie natürlich sagen: „Die Gitter, hinter denen ich meine Sucht willentlich gefangen halte, sind stabil. Da kommt die niemals raus!"

Natürlich sollen Sie sich auch nicht ständig sorgen müssen, und aus lauter Angst vor einem Ausbruch dieses unliebsamen Zellengenossen, auf Schritt und Tritt zu zittern beginnen.

Aber, bedenken Sie, die Sucht ist nicht „tot", -sie ist nur sehr geduldig und sie hat unendlich viel Zeit. Und wen sie einmal erwählt hat, den lässt sie nicht mehr los.

Sie wartet nur auf den Moment, an dem ihr der Kerkermeister ein Tröpfchen überlässt, vielleicht aus Unachtsamkeit, da er Sie nach längerer Haft nicht mehr fürchtet. Dieser Tropfen weckt nun in dem machtgierigen Gefangenen erneute Kraft. **Die Sucht will leben** und setzt deshalb alles daran, sich gut zu benehmen, um nicht mehr für gefährlich gehalten zu werden. Sie hofft auf Hafterleichterung. Seien Sie also auf der Hut, dass Sie nicht auf dieses Spiel hereinfallen.

Weiter möchte ich darauf momentan nicht eingehen, da ich das Thema „Rückfälle" für so wichtig halte, dass ich dafür einen separaten Abschnitt im späteren Verlauf des Buches vorgesehen habe.

Die zuvor gestellte Frage, „ob mich *nur* ein Tropfen sofort wieder abhängig machen würde ", kann ich so beantworten: „Der eine Tropfen würde mich nicht abhängig *machen*, da ich auch nach langer Zeit der Trockenheit, noch immer abhängig *bin*. Warum sollte ich mein nunmehr wundervolles Leben aufs Spiel setzen?"

Ich kann mit meinem „Gefangenen" sehr gut leben. Mir macht es Freude, nicht mehr trinken zu müssen. Ich empfinde echtes Mitgefühl mit denen, die ihre Krankheit noch nicht wahrhaben wollen und ihr schönes, reines ICH mit jedem Schluck hinunterspülen.

Auch werde ich keinen von ihnen verurteilen, da ich weiß, wie schwer es anfänglich ist, NEIN zu sagen. Vielmehr werde ich nicht nachlassen, ihnen Mut spendende Parolen zuzurufen, da ein sehr wertvoller Preis auf jeden wartet, der dem Alkohol keinen Stellenwert mehr zuspricht.

Mal ganz ehrlich, wie lange will man sein Leben von einer süchtig machenden Substanz bestimmen lassen? In der Psychologie wird derjenige als wahnsinnig erklärt, der immer wieder das Gleiche tut, aber jedes Mal ein anderes Ergebnis erwartet.

Lässt sich das nicht auch auf die Erlebnisse eines Trinkers übertragen? Wie oft muss man morgens mit einem dicken Schädel und Gedächtnislücken aufwachen, bis man seine Situation durchschaut?

DIE SUCHT UND IHRE BOTEN

Gerade bei diesem Thema werde ich es vermeiden, wissenschaftlich erwiesene „Pauschal-Symptome" aufzuzeigen, da ich weiß, dass man gerade zu Beginn immer noch nach „Zeichen" sucht, die einem sagen: „Du bist eigentlich **gar kein** Alkoholiker".

Mein Anliegen ist es, Sie *wirklich* sensibel für Ihre Empfindungen zu machen, damit Sie sich auch tatsächlich wiedererkennen. Möglicherweise werde ich Sie gelegentlich durch manche Aussagen provozieren. Vielleicht muss ich mich, weil gerade diese kleinen Provokationen sehr hilfreich sein können, des Öfteren wiederholen, um eine verstärkte Tiefenwirkung zu erreichen. Sehen Sie mir das bitte nach, es ist nur zu Ihrem Vorteil.

Je tiefer Sie denken, desto eher kommen Sie der Sache auf den Grund.

Sie sind ein Individuum. Es gibt Sie kein zweites Mal. Weder von Ihrer äußeren Erscheinung noch von Ihrem

Seelenleben.

Wie könnte es deshalb sein, dass bei den ersten Boten der Alkoholsucht plötzlich absolute Übereinstimmung existiert. Und doch gibt es in der Tat einige. Damit Sie diese schriftlichen Dokumentationen möglichst gewinnbringend für sich umsetzen können, ist es aber notwendig, dass **Sie sich** darin auch **suchen,** *weil* es eben nur Ähnlichkeiten sind.

Auch bei den ersten Boten spielt meist die Psyche die Schlüsselrolle. Wir haben häufig nur einen fast unspürbaren Wunsch nach einem Gläschen.
Tiefgreifende Gründe nehmen wir überhaupt nicht wahr. Beobachten Sie sich deshalb genau. Gibt es vielleicht nicht doch einen ganz kleinen Anlass, der hin und wieder auch *Sie* „schwach" werden lässt?
Haben Sie sich nicht ein wenig über Ihren Chef aufgeregt? Fühlten Sie sich während des Tages in irgendeiner einer Weise einem Ihrer Mitmenschen unterlegen?

Nicht, dass Sie nun denken: „Jetzt ist er aber übersensibel!"

Aber meine eigenen Erfahrungen und meine Neugier in Gesprächen mit Betroffenen, haben gezeigt, dass es in der Tat gerade die kleinen, kaum spürbaren Nadelstiche sind, die uns in tiefster Seele verletzen, und die wir aufgrund dieser vermeintlichen Unwichtigkeit nicht ernst nehmen und schon gar nicht darüber reden.
Deshalb meine ehrliche Frage, die Sie sich bitte genau so ehrlich beantworten sollten:

„Ist es möglich, dass Sie hin und wieder ein Schlückchen nehmen, um die Schmerzen dieser niedlichen Pikser zu lindern?"

Das muss natürlich nicht für Sie zutreffen. Lesen Sie einfach weiter. Unsere Psyche ist eine größtenteils fremde, unerforschte Erscheinung, von deren Existenz wohl mittlerweile auch die kritischsten Zeitgenossen überzeugt sind, aber gleichermaßen wenig Erfahrungen über deren Auswirkungen auf Krankheiten zur Verfügung stehen. Dennoch ist sich die Mehrzahl der Alkoholkranken darüber einig, dass gerade dieser unbekannte Teil unseres Wesens, hauptsächlich für den Ausbruch der Krankheit verantwortlich ist.

Wir bewegen uns also sehr stark auf fremdem Terrain, was uns extreme Vorsicht abverlangt.

Hierzu stehen uns die „Trampelpfade" zur Verfügung, die schon viele Suchtkranke vor uns gegangen sind und ein lebendes Beispiel für eine erfolgreiche Expedition darstellen.

Um nun näher auf die ersten Anzeichen der Sucht einzugehen, werde ich mich einfach an diese bewährten Pfade halten und tatsächlich vorgefallene Leidenswege schildern, um daraus neue Wege abzuleiten.

Um den betreffenden Personen ihre Privatsphäre zu erhalten, habe ich mich auf deren Vornamen beschränkt. Auch wenn alle Angehörigen meiner Gruppe offen zu ihrem Problem stehen, halten wir es dennoch nicht für sinnvoll, unsere „Leidenswege" an die große Glocke zu hängen. Warum das so ist, erfahren Sie später.

Die Geschichte des Walter F. ist ein sehr deutliches Beispiel dafür, wie man langsam, ohne es zu bemerken, in die Sucht hineinschlittert.

Walter F. war erst nach mehrjähriger Trockenheit dahintergekommen, wann und warum er überhaupt abhängig wurde.

Er bestritt seine Lehre als Schlosser in einer Zeit, in der die Ausbilder ihre Zöglinge noch schlagen durften. Der Ausbilder von Walter ließ seine Wut oftmals an ihm aus. So auch an dem ausschlaggebenden Freitag.

An diesem Tag musste Walter einiges über sich ergehen lassen. Erst Hiebe, dann Überstunden.

Als er den Betrieb verließ war sein Bus bereits abgefahren und er stand in der Kälte. Ein Werkstattbesitzer, in der Nähe von Walters Firma, feierte zu dieser Stunde seinen Geburtstag und lud, den in der Kälte stehenden Jungen, ein (Walter war damals 16 Jahre), ein Bier mitzutrinken.

Walter, der bis zu dieser Gelegenheit noch niemals etwas Alkoholisches getrunken hatte, leerte die Flasche in kurzer Zeit, da er den Unterschied zu Limonade nicht kannte.

Gerade als er den letzten Schluck genommen hatte, kam auch schon der nächste Bus.

Als er sich auf einen der unbequemen Sitze fallen ließ, fühlte er plötzlich etwas Großartiges. Seine Angst vor dem Chef war mit einem Mal nur noch halb so groß. Seine Knie waren durch das Bier wohl etwas weich geworden, doch er fühlte sich wunderbar.

Die Sucht bahnte in diesem Moment ihren zerstörerischen Weg. Walter besaß zu diesem Zeitpunkt kein Selbstbewusstsein, um seine Probleme ohne fremde Hilfe zu lösen. Kein Wunder, dass er eine leichte Beute darstellte. Natürlich nahm die Sucht nicht sofort Besitz von ihm. Walter musste nicht gleich bis zur Besinnungslosigkeit weitertrinken.

Ganz im Gegenteil, sein Durst nach bitterem Bier war für lange Zeit gestillt. Aber die Sucht besaß auch hier den längeren Atem.

Beim nächsten unerfreulichen Zusammentreffen mit seinem

Vorgesetzten, hörte Walter eine Stimme aus seinem Inneren. Er erinnerte sich an sein erstes Bier und an das beruhigende Gefühl, das sich danach auf seine Seele legte. Und dann wiederholte er den Vorgang. Wieder trank er eine Flasche und die Wirkung war erwartungsgemäß hervorragend.

So begann er, den Alkohol gezielt einzusetzen und machte ihn zu seinem ständigen Wegbegleiter.

Glauben Sie, Walter wäre sich damals dieser Gefahr bewusst gewesen? Immerhin trank er nicht täglich und zudem schmeckte ihm das Bier nicht annähernd so gut, wie seine altbekannte Zitronenlimonade.

Heute weiß er, wie wir in der Gruppe alle wissen, wer den Alkohol bewusst einsetzt, hat ein Alkoholproblem, ob ihm das recht ist oder nicht. Er macht seine seelischen Empfindungen von diesem Mittel abhängig.

Irgendwann war Walter F. nicht mehr in der Lage, auch nur die kleinste Unannehmlichkeit aus der Welt zu schaffen, ohne vorher einen Schluck zu nehmen.

Das zu Beginn harmlos erscheinende Trinkverhalten endete nach dreißig Jahren mit einer üblen Bauchspeicheldrüsenentzündung. Nun war er gezwungen, sofern er weiterleben wollte, seine Probleme ohne Alkohol zu lösen.

Und siehe da, es funktionierte. Nichts hatte sich zum Zeitpunkt seiner anfänglichen Trockenheit geändert. Immer noch stand er seinen alten Problemen gegenüber, zu denen sich täglich neue hinzugesellten. Mit dem Alkoholverzicht allein, konnte er seine Lebensumstände nicht sichtlich verbessern. Aber er lernte, Probleme auszusprechen, sich Unterstützung in einer Gruppe zu holen und somit der Sucht keine Macht mehr zu geben.

Walter „brauchte" erst eine richtige, körperliche Krankheit, um sein Leben zu verändern. Das war sein persönlicher Tiefpunkt und gleichzeitig die Basis für das neue Leben.

Hierbei wird deutlich, dass ein Alkoholiker durchaus unerkannt in einer intakten Gesellschaft leben kann. Bei Walter war der soziale Abstieg glücklicherweise noch nicht erreicht. Er hatte noch immer eine Arbeitsstelle und ein geregeltes Einkommen und war aufgrund seiner ohnehin zurückhaltenden Art, nie als Trinker aufgefallen.

Anders hingegen verlief die Trinkerkarriere des Roland P. Obwohl auch er sich nach langer Zeit Abstinenz erinnerte, dass er anfänglich hauptsächlich Alkohol getrunken hatte, um seine Scheu vor dem anderen Geschlecht abzubauen.

Demnach setzte auch er den Alkohol ein, um einen gewünschten Zustand zu erreichen. Die Gründe, *warum* wir trinken sind möglicherweise immer unterschiedlich. Die Tatsache, dass ein Grund vorhanden ist, bleibt bestehen.

Allerdings hatte Roland P. sich schon damals nur schwer im Griff, wie er der Gruppe berichtete. Hatte er erst einmal ein Bier intus, fiel es ihm nicht leicht, damit aufzuhören. Filmrisse waren an der Tagesordnung.

Er trank, um sich Mut zu machen. Was er nach mancher Tanzveranstaltung von seiner Angebeteten dann zu hören bekam, versetzte ihm einen Tiefschlag: „Du wärst ja ein netter Kerl, wenn du nicht so viel trinken würdest".

Ironie des Schicksals. Ohne Alkohol traute er sich nicht, ein Mädchen anzusprechen, mit Alkohol wollte ihn keine.

Nach diesen Erfahrungen fühlte er sich elend. Diese Niedergeschlagenheit unterdrückte er dann natürlich wieder mit Alkohol. Und so ging es viele Jahre weiter, bis man ihm schließlich sagte, dass sein Magen und die Speiseröhre kurz davorstanden, durchzubrechen. Der Alkohol hatte die Schleimhäute völlig zerstört. Hätte er weitergetrunken, wäre er mit großer Wahrscheinlichkeit in kürzester Zeit innerlich verblutet.

Da Alkoholiker meist sensible Menschen sind, die am Leben hängen, entschloss sich Roland zu einem suchtfreien Leben.

Auch er ist noch nach zehnjähriger Trockenheit in der Gruppe und dankbar dafür, dass er durch seine Sucht so viele Erkenntnisse erlangen konnte.

Die Trinkerlaufbahn von Monika S. war kaum auffällig. Sie litt seit Jahren unter einem niedrigen Blutdruck, der ihr oftmals die Antriebskraft nahm. Auf den Rat ihrer Hausärztin hin, trank sie jeden Morgen ein Gläschen Sekt.

In der Tat beschleunigte diese Alkoholspritze ihren Kreislauf und sie fühlte sich wohl. Es blieb auch bei der verordneten Menge. Monika S. kam ihrer Arbeit nach und trank auch sonst keinen weiteren Alkohol.

Ihr wäre auch niemals in den Sinn gekommen, davon abhängig zu werden. Doch die Sucht fand auch bei ihr Zuflucht. Eines Tages, es war ihr erster Urlaubstag in den Schweizer Alpen, fand sie keinen Sekt auf dem Frühstücksbüffet in der Pension.

Sie begann panisch zu atmen, sie schwitzte und hatte ein beklemmendes Gefühl in der Brust. Ihr Puls raste und ein unbeschreibliches Angstgefühl schnürte ihr die Kehle zu.

Sofort schoss es ihr in den Sinn: „Ich brauch ein Glas Sekt".

Als sie diesen Gedanken in sich aufsteigen spürte fühlte sie sich beschämt. Sie konzentrierte sich auf ihre Atmung, sog die Luft langsam durch die Nase ein und atmete noch langsamer durch den Mund wieder aus. Aber nichts half. Erst als sie ihren Mut zusammennahm und bei der Bedienung eine Flasche Pikkolo bestellte, beruhigte sich ihr Organismus ein wenig. Nach dem ersten Tropfen, den sie gierig, aber auch ängstlich, hinunterschluckte, ging es ihr schlagartig wieder gut.

Doch trotzdem schob sie den Gedanken an eine Sucht noch viele Jahre zur Seite. Erst nach fünfzehn Jahren regelmäßiger Einnahme dieses Wundermittels, stand sie plötzlich am Ende ihrer Trinkerlaufbahn.
Es ging nichts mehr. Eines Morgens wollte das Glas einfach nicht an ihren Mund gelangen. Sie zitterte so sehr, dass sie fast alles verschüttete.
Voller Angst, den benötigten Stoff nicht in den Körper zu bekommen, schnappte sie sich mit beiden Händen die Flasche und trank den gesamten Inhalt gierig hinunter.
Jetzt, da ihr Körper wieder zur Ruhe kam, wusste Sie mit absoluter Sicherheit, dass sie Hilfe benötigte. Sie vertraute sich einem Gesprächspartner des Blauen Kreuzes an, der ihr sofort zu einer stationären Entgiftung mit einer anschließenden Therapie riet (auf das Thema Entgiftung und Therapie komme ich später ausführlich zu sprechen).

Auch Monika ist bis zum heutigen Zeitpunkt trocken. Sicherlich kam ihrer Gesundung der Entschluss, sich fachmännische Hilfe zu holen, sehr zugute.

Der Verlauf einer Suchtkrankheit ist bei jedem anders, sie endet aber oftmals auf dieselbe Weise.

Leider sieht dieses Ende nicht immer so glücklich aus, wie

bei den zuvor geschilderten Trinkerkarrieren. Die Menschen, die ihre Sucht nicht erkennen oder akzeptieren wollen, dass sie süchtig sind, finden sich schneller als gewollt in der Gosse wieder, in der sie dann einsam und ohne jegliche Wärme zugrunde gehen.

Damit Sie diese Warnsignale bei sich erkennen, führe ich nun eine kleine Liste mit körperlichen Anzeichen auf, die deutlich eine vorhandene Alkoholsucht zeigen.
Man kann beim Auftreten dieser Symptome davon ausgehen, dass nicht nur eine psychische, sondern bereits eine physische Abhängigkeit besteht.
Diese „Erkennungsmerkmale" müssen nicht der Reihe nach auftreten, noch erhebt diese Liste einen Anspruch auf Vollständigkeit.
Jedes einzelne Signal für sich, deutet auf eine Sucht bzw. ein abnormales Trinkverhalten und auf bereits vorhandene körperliche Schäden hin.
Ebenfalls unterliegt die jeweilige Intensität keinerlei Normen.
Durchleuchten Sie diese deshalb mit derselben Ehrlichkeit, wie Sie sich bisher alle Fragen beantwortet haben.

- morgendliche Übelkeit bis zum Erbrechen
- Zittern der Hände
- Zittern des Körpers (ähnlich dem Frieren)
- verstärkte Nervosität während selbst
- auferlegten Trinkpausen
- Schweißausbrüche
- Schlafstörungen
- Überreiztheit
- Man benötigt größere Mengen
- Man verträgt plötzlich weniger
- Man kann nicht aufhören zu trinken

ॐ

- Filmrisse
- Rote Augen mit einem gelblichen Schimmer (starke Leberschädigung. Suchen Sie sofort einen
- Arzt auf)
- Schmerzen unter der rechten unteren Rippe
- Appetitlosigkeit
- überdurchschnittliche Gewichtsabnahme
- Sichtbare Blutgefäße im Gesicht (Gesichtsrötung)
- Herzrhythmusstörungen
- Kreislaufstörungen
- erhöhter Blutdruck
- erhöhte Leberwerte
- Angstgefühle
- Halluzinationen beim Entzug von Alkohol (lebensbedrohlicher Zustand. Sofort
- einen Arzt rufen)
- Man fühlt sich hilflos, ohne Alkohol
- Man freut sich auf Trinkgelegenheiten (z. B. Party, Geburtstagsfeier, usw.)
- Man sucht Gründe, um sein Trinken zu rechtfertigen
- Man schummelt, bei der Angabe der tatsächlich getrunkenen Menge
- („Ich habe nur zwei Bier getrunken". Die zehn Schnäpse werden verschwiegen)
- Sämtliche Ausreden werden gefunden. „Ich trinke, weil ich gern trinke". Der wahre Grund wird verschwiegen. Oder
- „Mir schmecken keine Fruchtsäfte. Ich mag Bier, usw."
- Heimliches Trinken
- Regelmäßiges Trinken
- Trinken, wenn es einem schlecht geht

ॐ

- Trinken, wenn es einem besonders gut geht
- Trinken ohne Maß
- Durcheinandertrinken (kann kein Genusstrinken sein)
- Trinken und danach Auto fahren (der Wunsch zu trinken ist schon größer, als das Verantwortungsgefühl)
- allgemeine Unlust
- die Arbeit wird zur Qual
- häufige kleinere Krankheiten werden genutzt, um Zuhause zu bleiben
- kleine Krankheiten dienen zum Selbstmitleid. Es wird mehr getrunken
- Selbstbewusstsein wird vermindert
- allgemeines Selbstmitleid. „Mich mag keiner"
- Körperpflege wird vernachlässigt
- der Haushalt verwahrlost
- Einladungen von Freunden werden abgesagt (Angst, dort vielleicht keinen Alkohol zu bekommen)
- Gründe für körperliches Unwohlsein werden vorgeschoben
- Keine Einsicht über sein abnormales Trinkverhalten
- Verändertes Bewusstsein (Man ist nicht mehr der Alte)
- Neigung zu Brutalitäten
- Man beleidigt seinen Lebenspartner
- Unzuverlässigkeit
- usw.

Selbstverständlich werden auch Menschen, die keinen

Alkohol trinken, hin und wieder von einem dieser geschilderten Zustände oder Gefühlsbewegungen übermannt. Diese Personen sind damit auch nicht angesprochen.

Nur diejenigen, die aufgrund eines ungewöhnlichen Trinkverhalten suchtgefährdet oder bereits abhängig sind, sollen sich hier bitte angesprochen fühlen. Gerade für die Betroffenen, die mit einem uneinsichtigen Alkoholiker zusammenleben, können hierbei ihren „Pappenheimer" vielleicht doch eher entlarven.

Dieses Entlarven soll natürlich nur einem positiven Ziel dienen und den Abhängigen nicht weiter in die Sucht treiben.

Um das Verhalten einen „nassen" Alkoholikers noch besser zu durchschauen, widmen wir uns nun dem nächsten Punkt.

DIE FLUCHT NACH VORN

Das Schlimmste für einen Trinker ist der Moment, wenn er von anderen als solcher entlarvt wird. Die Reaktionen auf sein unfreiwilliges „Coming Out" fallen sehr unterschiedlich aus:

- Er streitet alles ab.
- Die leeren Flaschen, die er überall deponiert hat, sind nicht seine, sagt er.
- Seine Fahne kommt von dem „EINEN" Gläschen, das er gerade getrunken hat.
- Er kann das Trinken jederzeit lassen, behauptet er.
- usw.

Daraufhin entwickelt er nicht selten, eine immense Willenskraft. Er zwingt sich, keinen Tropfen mehr anzurühren, ohne Rücksicht auf sämtliche Gefahren eines radikalen Entzugs, der ja ohne ärztliche Aufsicht, Zuhause stattfindet.

Hat er seinen Körper erst einmal von dem Gift befreit, fühlt er sich auch wieder pudelwohl und prahlt förmlich mit dieser Heldentat. „Seht ihr, ich brauche keinen Alkohol. Was ihr nur immer von mir denkt".

Verblüffender Weise macht ihm in dieser Phase die Sucht tatsächlich kaum zu schaffen. Er verspürt nicht den geringsten Wunsch, auch nur einen Schluck zu sich zu nehmen.

Er legt wieder Wert auf sein Äußeres, treibt vielleicht sogar noch Sport und gewinnt schnell an Ausstrahlung.

Kurzum, er scheint auf wundersame Weise geheilt zu sein.

Da seine Mitmenschen ebenfalls kaum Erfahrungen mit dieser heimtückischen Krankheit haben, scheint die Welt für alle wieder in Ordnung zu sein.

Doch aufgepasst,- dies ist in der Regel nur eine Phase.

NUR MIT DEM TRINKEN AUFZUHÖREN, IST NICHT AUSREICHEND!

Jetzt denken Sie vielleicht: „Der ist wohl mit nichts zufrieden! Er hat doch selbst gesagt, dass man als Alkoholiker nichts mehr trinken darf!" Das stimmt, doch ich habe auch gesagt, dass Sie zu einer dauerhaften Abstinenz mehr benötigen, als nur einen festen Willen.

Nämlich, ein fundiertes Wissen über die Funktionsweise dieser Suchtkrankheit.

Gerade bei solchen kurzzeitigen Ausnüchterungsphasen, die aus Unwissenheit oft als Rückfälle bezeichnet werden (echte Rückfälle werden wir im Kapitel 4 behandeln), verliert der Betroffene enorm an Selbstachtung.

Denn leider hat er nach einer mehrwöchigen Beweiserbringung nur allzu großen Durst. Er hat die bereits fest in seiner Psyche verankerte Sucht entthront. Sie stellt sich für ihn nicht mehr als DIE große Gefahr dar, „wie man es ihm weismachen" wollte.

Er hat doch schließlich bewiesen, dass er mit dem Trinken aufhören kann, wann immer er will. Was zum Kuckuck hat er jetzt noch mit Sucht zu tun? Auf den ersten Blick klingt das sogar plausibel.

Er hat, wenn auch nur für kurze Zeit, über seine Sucht gesiegt. Doch hier kommt nun die Wirkungsweise der Krankheit ins Spiel. Die Sucht hat sich nämlich wieder einmal von Ihrer Schokoladenseite gezeigt. Sie hat seinem Wunsch, der Herr im Haus sein zu wollen, nachgegeben. Sie hat sich geschlagen gezeigt und Ihm ihre volle Bewunderung entgegengebracht.

Und er, im vermeintlichen Rampenlicht des Erfolgs, hat sich wie ein alternder, eitler Schauspieler, der schon seit Jahren um kein Autogramm gebeten wurde, von seinem „einzigen Fan" als mutiger, unumstößlicher Held feiern lassen.

Die Sucht war in diesem Fall der listige Fuchs und er der einfältige Hase, und er ist voll darauf hereingefallen. Der Hase hat den Käfig des Fuchses geöffnet und sich ihm erneut zum Fraß vorgeworfen.

Leider habe ich selbst oft genug die Gitterstäbe geöffnet und weiß, auf welch süße Art der Fuchs Komplimente machen kann. Deshalb kann ich auch mit Bestimmtheit sagen, dass wir ständig auf der Hut vor diesen Schmeicheleien sein müssen.

Es ist aufgrund unseres Bilds vom „echten Trinker" nur allzu gut verständlich, dass wir unter allen Umständen vermeiden wollen, als solcher bezeichnet zu werden.

Kein Wunder also, dass wir die Flucht nach vorn antreten und mit allen Mitteln dagegen ankämpfen. Doch solange wir dem Alkohol diesen hohen Stellenwert zusprechen, wird sich dieses Spiel immer wieder aufs Neue wiederholen.

Die Sucht wird sich gleichermaßen überlegen, wie sie sich ihr Terrain zurückerobern kann, und sie ist weitaus erfahrener, als wir es jemals sein werden. Sie werden jetzt vielleicht denken, dass dies nach einer Persönlichkeitsspaltung klingt, und genau das ist es. Ein Alkoholiker wird quasi zum Erfüllungsgehilfen seiner Sucht und ist nicht in der Lage, dies zu kontrollieren. Es ist verblüffend, wie tief sich die Krankheit in unsere Psyche eingräbt. Sie will unter allen Umständen siegen und stellt ständig neue Spielregeln auf, die, haben wir sie erst einmal verstanden, längst wieder geändert wurden.

Spürt die Sucht auch nur den kleinsten Gegenwind, streicht sie sofort die Segel. Sie will nicht als „Parasit" auffallen. Sie befürchtet, dass Sie sich von ihr befreien, und sie somit ihrer Existenz berauben.

Sie sehen, wir bewegen uns in der Tat auf sehr dünnem Eis. Aber das Eis wird uns tragen, wenn wir denen vertrauen, die uns bewiesen haben, dass der Alkohol in unserem Leben keine Rolle spielen muss. Diese Menschen kennen den Weg, der über diese dünne Eisschicht führt.

Die Sucht wird stets versuchen, Sie aus der Reserve zu locken. Sie wird sich klein wie ein Mäuschen machen. Kaum wahrnehmbar wird sie sich in Ihrem Inneren einnisten. Wäre das Nest in Ihrem Haus, würden Sie einen Kammerjäger rufen, der die Brut endgültig zu vertreibt. In Ihrem Fall müssen Sie diese Arbeit selbst übernehmen.

Und das bedeutet im Klartext: „Aufhören, sich selbst

und anderen etwas vorzumachen!"

Hören Sie auf damit, Alkohol als Lebenssinn zu betrachten. Schauen Sie in die Gesichter derjenigen, die sich andauernd volllaufen lassen.

Haben Sie Achtung vor denen? Nein, warum sollte dann jemand vor Ihnen Achtung haben, wenn Sie sich wieder einen hinter die Binde gegossen haben?

Was zum Teufel ist denn so schön daran, ständig Gefahr zu laufen, sein Leben in die Hände einer machthungrigen, egozentrischen Bestie zu legen. Nehmen Sie Ihr Leben in die eigene Hand.

Machen Sie sich frei von dem Gedanken, dass Alkohol zum Leben dazugehört.

Seien Sie doch offen zu Ihren Mitmenschen, die Sie lieben und lügen Sie ihnen nicht dauernd etwas vor.

Sie haben es doch nicht verdient, als Lügner dazustehen. Genauso wie es Ihre Umgebung nicht verdient hat, von Ihnen belogen zu werden.

Was gibt es schöneres, als den eigenen Kindern, oder dem wertvollen Lebenspartner klar und nüchtern in die Augen zu sehen?

Es ist ein wundervolles Gefühl, wenn man sich tief und voller Ehrlichkeit in die Augen sehen kann. Nichts ist schöner als die Liebe, die einem dabei entgegenspringt.

Versetzen Sie sich in die Lage, was für ein Gefühl es sein muss von seinem Partner, Vater oder Mutter mit einer scheußlichen Alkoholfahne angelallt zu werden.

Als Mitglied dieser Gesellschaft, als Elternteil und als Partner in einer Beziehung haben Sie nun einmal auch eine gewisse Verantwortung zu tragen. Und wenn Sie mit dieser Verantwortung nicht zurechtkommen, suchen Sie nach Hilfe, und Sie werden sie finden.

Nicht nur Sie haben Probleme. Sollten Sie sich aber weiterhin damit abfinden, dass Ihre Sucht, für die Sie niemand verantwortlich macht, wenn Sie etwas dagegen unternehmen, Ihr weiteres Leben bestimmt, stehen Sie vielleicht bald ganz alleine da.

Ich will Ihnen ja keine Angst machen, doch unterschätzen Sie niemals die Hartnäckigkeit gekränkter Menschen.

Das Alkoholproblem betrifft nicht nur Sie allein, auch wenn es nur allzu menschlich ist, sich allein in Selbstmitleid zu aalen, sondern die Alkoholkrankheit ist ein partnerschaftliches Problem.

Jeder Alkoholiker zieht seine Mitmenschen zwangsläufig mit in die Tiefe. Verliert er wegen seiner Trinkerei den Job, geht seine Familie mit vor die Hunde.

Doch der Hauptgrund, die Alkohol-Bestie ein für alle Mal hinter Gitter zu bringen, sind Sie selbst.

Sie haben ein Recht auf ein freies, erfülltes Leben, ohne Einschränkungen. Auch wenn Sie allein leben, ohne Familie, haben Sie es verdient, ungehindert Ihren Hobbys und Freuden nachzugehen.

Wir sind alle als freie, selbständige Individuen geboren. Die Sklaverei ist schon lange abgeschafft.

Wir sind der Herr unseres Lebens und niemand hat das Recht, unsere Gesundheit zu manipulieren.

Lassen Sie die Sucht weiterhin gewähren, versklaven Sie sich selbst und berauben sich Ihrer persönlichen Freiheit.

Um echte Freiheit zu lernen, sollten Sie sich so oft wie möglich in wundervollen Situationen sehen.

Visualisieren Sie Momente, in denen Sie selbstbewusst, natürlich und gelassen Probleme meistern, die Sie vorher nur im Suff hätten ertragen können.

Fühlen Sie dann intensiv, welche Achtung man Ihnen dann entgegenbringt und denken Sie immer daran: „Zuerst war der Gedanke".

Haben Sie im Verlauf eines Tages tatsächlich einige Tiefschläge einstecken müssen, suchen Sie in diesen Tiefschlägen positive Begleiterscheinungen, von denen Sie künftig profitieren können.

Jedes, auf den ersten Blick negativ erscheinende Erlebnis, birgt in sich eine Chance zu persönlichem Wachstum.

Es ist für jeden Alkoholiker von enormer Bedeutung, die positiven Dinge des Lebens genau unter die Lupe zu nehmen.

Das erfordert zunächst ein intensives Training, doch wie bei allem im Leben, kann man auch das lernen.

Alles hat zwei Seiten. Es kommt darauf an, welche Seite man leben will. Solange Sie dem Alkohol auch nur den geringsten Stellenwert zusprechen, wird es Ihnen nicht gelingen, tatsächlich positiv zu denken, da Sie immer nach einem Grund suchen werden, der Anlass für ein Besäufnis gibt.

Achten Sie darauf, sich täglich Gründe zu suchen, warum ein Leben ohne diese Droge wesentlich wertvoller ist.

Denken Sie an die Person, die Sie dann sein werden. Eine Person, die in sich ruht und bereit ist, täglich von neuem Wissen aufzunehmen, das ihr hilft, an dem Alkoholproblem zu wachsen und nicht daran zu zerbrechen.

Ein sehr netter Mann aus meiner Gruppe, der schon viele Jahre trocken ist, hat mir einmal von einem Gespräch mit seinem Pfarrer erzählt, das kurz nach dem Beginn seiner Trockenheit stattfand, an einem Zeitpunkt, an dem er selbst noch nicht hinter seiner Entscheidung stand.

Der Kern des Gespräches hatte diesen Inhalt: „Herr Pfarrer, warum hat gerade mich diese Krankheit getroffen?" Worauf der Geistliche antwortete: „Gott muss Dich unheimlich lieben, dass er Dir diese Chance gegeben hat!"

Zugegeben, es ist nicht einfach zu verstehen, welche Wahrheit sich hinter diesen Worten verbirgt, aber ja, es ist in der Tat eine Chance, die nur einem Menschen zuteilwird, der dieses Problem meistert. Ich bin sicher, Sie werden das am Ende des Buches wissen.

ALKOHOLIKER SIND DIE BESTEN SCHAUSPIELER

Sobald der Süchtige sein abnormales Trinkverhalten erkannt hat, begibt er sich wahrlich in die „Maske", wie ein Schauspieler das vor seinem Auftritt tut. Dort setzt er dann das passende Gesicht auf, welches er gerade für die jeweilige gesellschaftliche Darbietung benötigt.

Sein großer Auftritt beginnt. Ein „Schauspiel" auf Leben und Tod, - um Gut und Böse. Seine Antennen sind nun sehr empfangsbereit.

In jeder kleinen Äußerung, die seine Person betrifft, sieht er einen Angriff auf sein Leben und ist zutiefst beleidigt.

In dieser Phase der Abhängigkeit ist er wie eine Mimose. Durch seine Einstellung und Denkweise, begibt er sich immer mehr ins Abseits.

„Nur nicht die Tarnung auffliegen lassen" ist also die Devise. Er hört förmlich das Gras wachsen. Die Sucht herunterspielen, und sich völlig normal zu verhalten, kostet enorme Kraft. Und niemand darf merken, dass er nach seinem „inneren Drehbuch" agiert.

Dieses Drehbuch schreibt er täglich neu. Da ihm aber die Souffleuse fehlt, die ihm den ständig geänderten Text zuflüstert, trinkt er häufig noch mehr, um die Ruhe zu bewahren.

Erst wenn er die nötige Menge intus hat, wird er wieder etwas selbstsicherer.

Natürlich hängt es auch von seiner Persönlichkeit ab, ob er von Natur aus ängstlich ist oder eher forsch.

Viele sind in diesem Stadium sogar äußerst selbstbewusst und drehen den Spieß geradezu um:

„Wen geht es etwas an, ob ich trinke oder nicht. Ich kann tun und lassen, was ich will". Diesem

„Trinkertyp" fällt es häufig schwer, sein Problem herauszulassen, da er von Natur aus den harten, unumstößlichen Zeitgenossen verkörpert.

Diese Eigenschaft finden wir bei Männern und auch bei Frauen. Ebenfalls sind die Anzeichen und Verhaltensweisen oftmals dieselben. Nur finden wir Frauen seltener an Stammtischen wieder, wo gerade dieser Männertyp nicht selten die Führerposition einnimmt.

Am Stammtisch ist der Mann, der etwas verträgt, eben noch ein richtiger Kerl. Hier wird er für sein Verhalten nicht gerügt, wenn er einmal einen zu viel hinter die Binde gegossen hat.

Im Gegenteil, hier will man Leistung sehen.

Also beginnt er, sich an den dort herrschenden Maßstäben messen.

Diese Maß übernimmt er dann als „Normal" und verringert sogar kurzfristig sein existierendes Alkoholproblem. Sein Gewissen ist somit erst einmal beruhigt.

Durch sein uneinsichtiges Verhalten kann dieser Typ in der Praxis nur durch eine körperliche Krankheit, oder einen verärgerten Vorgesetzten gestoppt werden.

„Sie machen jetzt eine Entziehungskur, oder Sie werden

gefeuert!" Da er das Geld für sein ausschweifendes Leben dringend benötigt, begibt er sich tatsächlich in die Hände einer Kuranstalt. Doch anstelle der Einsicht, holt er sich dort mehr Wissen, um seine „angebliche" Krankheit künftig noch besser vertuschen zu können.

Zumindest sieht er aber diesen kurzfristigen Alkoholverzicht wieder einmal als Beweis dafür, dass die stille Erkenntnis, vielleicht doch ein Alkoholproblem zu haben, als pure Einbildung an.

Sein größtes Problem ist der hohe Stellenwert dieser Gesellschaftsdroge. Selbst wenn er in diesem Stadium viele Rückschläge erleidet, wird er nur Gründe suchen, die sein Trinkverhalten rechtfertigen.

Diese „Sturheit" zeigen sehr oft sensiblere Menschen, wenn sie feststellen, dass Alkohol in der Tat ein Problem für sie darstellt, sie aber nicht wissen oder sich vorstellen können, ein Leben „ohne" zu führen.

Auch die Gewissheit, durch das seltsame Trinkverhalten einmal ganz unten landen zu können, hindert sie nicht daran, weiterzutrinken.

Gerade diese Gewissheit veranlasst sie das Ganze noch zu übertreiben. Sie haben Angst vor einer alkoholfreien Zukunft. Wie sollen sie nur ohne einen Schluck ihre Probleme meistern?

Also gibt man innerlich auf und geht erneut zurück auf die Bühne und dem makabren Stück, mit dem Titel „Wir saufen uns zu Tode und reißen alle in die Tiefe, die uns nah sind".

Es ist furchtbar, was man in dieser Phase durchmacht. Man weiß, dass die anderen Menschen ein sauberes, verlässliches Leben führen und hält seine eigene Unfähigkeit, dasselbe zu tun, für eine von Gott auferlegte

Schwäche oder Strafe.

Die Selbstverachtung schlägt dann um, in einen zerstörerischen Kampf-Akt, bei dem leider auch die Menschen, die uns lieben zugrunde gehen.

„Wie könnte es auch einer gut mit mir meinen?" ist dann häufig der dominierende Gedanke. Der Trinker ist ja selbst nicht mit sich einverstanden und doch rechtfertigt er sein Verhalten täglich von neuem.

Auf die Feststellung seines Partners oder seiner Partnerin „Du trinkst zu viel" setzt er nur ein überhebliches Grinsen auf. „Was weißt du schon von mir. Ich trinke, weil es mir Spaß macht" lautet dann die Standardantwort.

Die Antwort unterscheidet sich natürlich auch wieder von „Typ" zu „Typ". Der resolute wird wie oben antworten, wogegen der sensiblere vielleicht mit „anders kann ich den Druck, der auf mir lastet, nicht aushalten" antworten wird.

Sie sehen nun selbst, dass es von Ihrer persönlichen Einstellung abhängt, ob Sie das große Schauspiel zur Perfektion bringen wollen, oder ob sie sich lieber helfen lassen. Zugegeben, ich habe mir auch sehr oft helfen lassen, doch durch die Unwissenheit meiner Frau bezüglich der Alkoholsucht, kam es leider nie zu einer richtigen Hilfe. Ihre Antworten auf meine Fragen waren wohl ehrlich gemeint, doch haben sie mir meine Unzulänglichkeit nur noch schmerzlicher vor Augen geführt, was wiederum zu weiteren Eskapaden führte.

Die Erfindungskraft eines Trinkers ist dann unermesslich. Durch die Offenbarung vor seinem Partner, dessen Antworten ihm dabei ungewollt ein weiteres Schamgefühl einbringen, stürzen ihn möglicherweise noch in tiefere Depressionen.

Um nun künftig nicht als Schwächling dazustehen, treibt er ein noch perfideres Spiel. Er wird zynisch, beleidigend und erniedrigt seinen hilfsbereiten Partner, um sich dadurch selbst ein wenig zu erhöhen.

Solange er seinen Alkoholspiegel hält, genießt er diese Rolle bis ins Detail. Sinkt der Pegel, womit seine Schuld- und Schamgefühle zurückkehren, wird weitergetrunken.

Dieses Trinken wird vielleicht sogar in aller Öffentlichkeit stattfinden, sich jedoch demonstrativ in Grenzen halten.

Er achtet dabei womöglich darauf, dass er nach dem dritten Getränk etwas Alkoholfreies zu sich nimmt, um den Partner willentlich Lügen zu strafen. Sein Bestreben gilt nun nur noch der Rache für die an ihm verübten, gemeinen Unterstellungen. Er hat sich ganz offenbar im Griff.

Dieses Verhalten ist für ihn ein richtiggehendes „Gehirn- bzw. Persönlichkeitsdoping". Er katapultiert sich auf den Thron eines Despoten.

Kein Wunder, dass er in dieser Rolle schon bald vereinsamt und sein Publikum, ein „minderwertiges" Fußvolk, nicht mehr über seine Scherze lacht.

Es kann lange dauern, bis er seinen hart „ertrunkenen" Status aufgibt. Oftmals ist bis dahin die Ehe zerstört und Freundschaften zerrüttet.

Wird er sich seiner Einsamkeit bewusst, stürzt er vollkommen in die Tiefe. Entweder er wacht nun endlich auf, oder er heuchelt um Vergebung.

„Ich verspreche dir hoch und heilig, dass ich nichts mehr trinken werde!" Lässt sich der Partner darauf ein, und stellt er möglicherweise noch weitere Forderungen, sagt reumütig ja und amen.

An diesem Punkt muss er nun erneut feststellen, was für ein Schwächling er ist. Die Sucht genießt gerade in dieser Zeit ihre Machtposition. Sie will ihr Opfer auf gar keinen Fällen kampflos aufgeben.

Auf der einen Seite will der Abhängige seine Partnerschaft nicht aufs Spiel setzen, auf der anderen Seite wird der Druck der Sucht immer größer. Wie soll er das alles managen?

Er ist absolut überfordert. Aber nun schon wieder mit dem Partner sprechen, der doch jetzt denkt, dass alles gut wird und er das Alkoholproblem im Griff hat?!

Wer kann jetzt noch helfen?

Und darauf hat die Krankheit nur gewartet. Sie rüstet ihn für eine neue Schlacht und diese heißt: Verheimlichen.

HEIMLICH UNHEIMLICH

Damit Sie tatsächlich vorankommen, sollten Sie sich immer darin erinnern, dass Sie eventuell keine **absoluten** Übereinstimmungen der geschilderten Abläufe und Verhaltensweisen auf sich übertragen können.

Es wäre unmöglich jedes Detail aus einem Heer von Trinkern herauszuschälen. Viel wertvoller sind die positiven Impulse, dass ein Sieg über die Sucht sehr wohl auf der Tagesordnung steht und keineswegs unmöglich ist.

Gerade weil das heimliche Trinken sich in unserer tiefsten Intimsphäre abspielt, können viele erst nach Jahren offen und ehrlich darüber reden. Einige springen niemals über ihren Schatten, da sie sich deswegen immer noch schämen. Ich verspreche Ihnen aber, kein Blatt vor den Mund zu nehmen, egal ob es mein Leben oder das meiner bereitwilligen Gesprächspartner betrifft.

Das heimliche Trinken war und ist für mich das interessanteste Thema nach meiner Trinkerlaufbahn schlechthin. Es ist unvorstellbar, wie krank der Alkohol machen kann.

Trinker kommen auf die unmöglichsten Ideen, ihre Alkoholzufuhr vor der Öffentlichkeit zu verbergen.

Nach einiger Zeit der Trockenheit, kann man aber herzlich über seine Taten lachen. Es macht einen richtiggehend glücklich zu wissen, dass man die Macht der Sucht gebrochen hat. Die Sucht ist schuld an einer Persönlichkeitsveränderung, die sich zum Teil auf groteske Weise zum Ausdruck bringt. Ich bezeichne meine damalige Person als „Dr. Jekyll und Mr. Hyde".

Ich besaß tatsächlich zwei Gesichter, wobei Mr. Hyde schon ziemlich früh dominierte. Wenn ich daran denke, dass ich mit etwa 20 Jahren zum ersten Mal Alkohol getrunken habe und was sich in den zwölf darauffolgenden Jahren daraus entwickelte, kann ich nur sehr ernst antworten: „Leute, hütet euch vor dem Teufel in Engelsgestalt".

Als ich damals meinen ersten Schluck genommen hatte, wurden sofort meine Knie weich und meine Umwelt begann zu kreisen.

Viele meiner damaligen Freunde konnten schon ordentlich bechern. Nicht selten bekam ich zu hören: „Mann, was bist du nur für ein Schlappschwanz. Du kannst nicht mal ein Bier trinken, ohne gleich umzufallen". Bei meinem damaligen, ohnehin noch nicht sehr ausgeprägten Selbstbewusstsein traf mich das wie ein Blitz. Ich, der zum Sportler geborene Mensch, wurde durch meine gesunde Lebensweise zum Außenseiter. Denen wollte ich es zeigen.

Ich war wirklich blöd genug, mich abends ins elterliche Wohnzimmer zu setzen, und langsam, aus „Trainingszwecken", ein Bier zu trinken. Die Wirkung war verheerend. Mein „sauberer" Organismus wehrte sich mit aller Macht gegen dieses Gift. Mir wurde übel und ich musste mich übergeben.

„Die anderen haben wohl doch recht", dachte ich, und führte das Training mit allem zur Verfügung stehenden Ehrgeiz fort. Im familiären Umfeld hatte ich auch keine „nüchternen" Vorbilder. Jeder trank Alkohol. Und alle waren angesehene Persönlichkeiten mit dem dazugehörenden sozialen Status. Ich wollte so werden wie sie. Mit der Zeit war ich dann auch endlich in der Lage, meinen Mann am Tresen zu stehen.

Mit zunehmender Alkoholtoleranz stieg meine Achtung erheblich an. Plötzlich war ich einer von ihnen.
Natürlich konnte ich damals nicht erkennen, dass sie mich vorher, aufgrund meiner sportlichen und reinen Lebensweise, im Stillen beneideten.
Die Achtung, die sie mir danach entgegenbrachten, war letztlich nur das Resultat ihrer gelungenen Gleichstellungsstrategie. Sie hatten mich, ohne selbst an sich arbeiten zu müssen, auf ihr Niveau gebracht.
Doch das muss man erst einmal durchschauen. Als ich einige Jahre später die Früchte meines unerbittlichen Einsatzes erntete, musste ich voller Entsetzen feststellen, dass einige der „Schuldigen" längst aufgehört hatten zu trinken, andere wohl weitertranken, ohne abhängig zu sein, und ein paar das gleiche durchmachten wie ich.
Aber die waren für mich nur kurze Zeit ein Trost. Ich wollte mich nun wieder an denen messen, die nichts mehr tranken. Aber diese Freunde wollten nichts mehr mit mir zu tun haben. Um aber wieder in ihrem Kreis geachtet zu werden begann ich, heimlich zu trinken.
Nach außen wieder der alte Sportsmann, und innerlich ein verzweifelter Kumpan der Sucht.

Ich trank im Auto. Ich trank im Keller. Ich trank nachts, wenn meine Frau schon schlief. Die Sucht forderte nun meine ganze Kraft.

Um den „Stress" (Gründe gab es reichlich) bei der Arbeit zu überstehen, legte ich mir eine eiserne Ration unter den Fahrersitz. Immer öfter schlich ich mich aus dem Büro, um nachzutanken.

Hunger hatte ich keinen mehr. Meine ganzen Nährstoffe holte ich aus Cognac und Sekt.

Was so harmlos mit einem Bier begonnen hatte, kostete mittlerweile ein Vermögen, begleitet von einer ständig abnehmenden Lebensqualität.

Hinzu kamen die unzähligen Atem-Verbesserer, wie Kaugummis und Menthol Bonbons, die ich übrigens heute noch lutsche, allerdings nur um eventuellen Knoblauchausdünstungen vorzubeugen.

Zu Beginn meiner Trockenheit traute ich mich einige Zeit lang nicht mehr diese Bonbons zu nehmen, da ich befürchtete, meine Mitmenschen würden vielleicht falsche Rückschlüsse ziehen. Doch mit der Zeit steht man über gewissen Dingen.

Sie sehen, wie geistig verwirrt man werden kann.

Zurück zum Thema.

Das heimliche Trinken ist eigentlich das Resultat der Verhaltensweisen der uns nahestehenden Personen.

Ständig verbieten sie uns zu trinken oder überwachen zumindest die Trinkmenge. Es stört uns, dass wir andauernd an unsere Sucht erinnert werden.

Also trinken wir so, dass sie es nicht mehr merken. Diese Menschen sehen dann, dass wir uns bemühen, weniger zu trinken und wir steigen (vielleicht) etwas in ihrer Achtung.

„Ausgetrickst", lachen wir innerlich, ohne zu merken, dass die Strategie der Sucht weitaus besser ist als die unseres Verstandes, und die Sucht diejenige ist, die Grund zum

Schmunzeln hat.

Wir erkennen nicht, dass wir nur noch als Marionettenpuppen fungieren.

Das Leben besteht schließlich nur noch aus einer immer besser funktionierenden Nachschubplanung. Wir denken, planen und handeln nur noch nach den Wünschen unserer Sucht und bemerken dabei nicht, wie weit weg wir uns vom eigentlichen Leben befinden.

Diese heimliche Trinkerei kostet eine enorme Kraft, eine Kraft, die man in dieser Phase eigentlich nicht mehr besitzt.

Da uns die Sucht in diesem Stadium voll beherrscht und uns ohne Unterlass suggeriert, dass wir ohne den verlangten Stoff nicht mehr weiterleben können, kämpfen wir in einer Art Todeskampf.

Alle zur Verfügung stehenden Reserven werden mobilisiert. Aufgrund dieser hohen körperlichen Belastung sind wir vollkommen „ausgepumpt". Nun schlägt die Wirkung des Alkohols in vielen Fällen ein wie eine Bombe. Dies hat zur Folge, dass auch mit Alkohol nichts mehr geht,- aber ohne „können" wir auch nicht mehr.

Wir sind nun an einem Punkt angelangt, an dem wir uns aus reinem Überlebenstrieb, dem Gift aus der Flasche verschreiben. Die Vorräte dürfen niemals versiegen, da es sonst vorbei ist mit der inneren Ruhe.

Das heimliche Trinken wird bis zur Perfektion getrieben. Es ist nicht mehr ausreichend, dass die Familie und Freunde hinters Licht geführt werden, sondern alle Menschen, denen wir täglich begegnen.

Durch meine Gesprächspartner habe ich von derart perfiden Methoden gehört, die mit enormer Überzeugung dargeboten wurden, sodass Hollywood jederzeit einen Oscar dafür geben würde.

Ich will Ihnen nun ein paar Geschichten erzählen, die ein „gesunder" Mensch in der Tat für einen sehr guten Witz halten würde.

Ein Mann aus meiner Selbsthilfegruppe kaufte während seiner heimlichen Trinkphase täglich am Kiosk drei Zeitungen und drei Magenbitter.
Dagegen ist auf den ersten Blick nichts einzuwenden. „Er ist eben ein sehr hilfsbereiter Mensch, der an seine Arbeitskollegen denkt", werden Sie jetzt vielleicht sagen.
Doch leider war er keineswegs nett, sondern unsagbar krank. Zwei Zeitungen hat er in den Mülleimer geworfen, die drei Magenbitter hat er dann allein getrunken.
So kam er an die benötigte Ration, ohne verdächtig zu wirken. Der Kioskbesitzer steigerte dadurch seinen Zeitungsumsatz und der arme Kerl kam unauffällig zu seinem „Lebenselixier".

Ein anderer war jeden Abend, nach getaner Arbeit, sturzbetrunken. „Wir sehen ihn niemals Alkohol trinken", sagten seine Kollegen „und doch ist er zum Feierabend hin immer blau".
Erst nach längerer Abstinenz lüftete er sein Geheimnis. Er aß zu dieser Zeit kiloweise Orangen. „Na und, das ist doch gesund" sagen wir. „Natürlich", aber, wenn man zuvor mit einer Spritze hochprozentigen Schnaps in die Zitrusfrüchte injiziert und davon täglich zehn Stück zu sich nimmt, haben auch die ihre Wirkung.

Die Frau eines anderen Alkoholikers wusste sich keinen Rat mehr. Sie beobachtete ihren Mann auf Schritt und Tritt. Die gesamte Wohnung, die Garage und die Gartenlaube stellte sie auf den Kopf. Nirgends waren Flaschen oder sonstige

Behältnisse zu finden.

Und trotzdem, nach einem Tag Gartenarbeit, war er betrunken. Sie glaubte, dass der Alkohol von seinem Körper vielleicht nicht mehr abgebaut wurde, und er deshalb ständig unter Strom stand.

Sie fand letztendlich keine plausible Erklärung. Auch hier wurde das Rätsel erst viele Jahre später gelöst.

Die Beete und Wege des Gartens waren mit leeren Flaschen eingesäumt. Sie kennen das, man steckt leere Flaschen mit dem Kopf voran in die Erde, damit die Form der einzelnen Beete klar umrissen bleibt.

Leider hat ihr Mann regelmäßig die leeren Flaschen gegen volle ausgetauscht und so den Nachschub gesichert. Er konnte also in einem unbeobachteten Moment schnell mal seinen Durst stillen, ohne dass seine Frau Verdacht davon etwas mitbekam.

Dass heimlich leergetrunkene Flaschen mit Wasser nachgefüllt werden ist ein alter Trick. Die „exotischeren" Methoden hingegen, üben einen viel größeren Reiz aus. Wie zum Beispiel die einer Hausfrau, die zum Leidwesen ihres Mannes auch seit Jahren trank. Sie hing die Flaschen an einem Seil aus dem Fenster. Er konnte die Wohnung noch so oft inspizieren, es war einfach kein Alkohol im Haus und dennoch lallte sie am Abend. Aber an diesen Trick denkt ein gesunder Mensch einfach nicht.

Eine andere Frau, die sich mit einer Freundin die Wohnung teilte, ließ sich auch etwas ganz Besonderes einfallen. Mit dieser Idee schlug Sie gleich zwei Fliegen mit einer Klappe. Die Flaschen konnten niemals gefunden werden, und zudem wurden sie gleich kühl gehalten. Sie verstaute ihre Rationen nämlich im Spülkasten der Toilette.

Wahrscheinlich wäre sie damit auch nicht aufgeflogen, wenn Sie ihr heimliches Reservoir auch hin und wieder geleert hätte.

Doch als der Kasten randvoll mit Leergut war, war für den eigentlichen Inhalt kein Platz mehr.

Der von der Freundin gerufene Klempner brachte die Bombe zum Platzen. Ein peinliches Ende, das die Betroffene zunächst noch nach ausgefeilteren Methoden suchen ließ.

Der Trick mit der Thermoskanne, die statt des heißen Kaffees kühlen Schnaps enthält, ist ebenfalls nichts Neues.

Aber das komplette Innenleben des Armaturenbretts eines Autos zum Flachmann - Depot umzufunktionieren, ist schon wesentlich attraktiver.

Erst bei einem Unfall flog der Erfinder dieses originellen Kraftstoffdepots auf. Durch den harten Aufprall ging die Karosserie zu Bruch und mit ihr etliche leere Flaschen, die sich auf der Straße verteilten.

Nach der Blutprobe stellte man bei dem Fahrer einen Alkoholspiegel von 3,5 Promille fest. Leider war dieses Ereignis für den Betroffenen noch kein Grund, sich über sein Trinkverhalten Gedanken zu machen. Er trinkt bis heute noch fröhlich weiter und hält seine Freunde, und an erster Stelle sich selbst, zum Narren, wohl ohne Führerschein, aber das war es dann schon.

Mancher lernt es eben erst, wenn es zu spät ist.

Als weitere Depots werden häufig Blumenvasen, Gießkannen, Leitz - Ordner und auch Briefkästen genannt.

Sie glauben gar nicht, wieviel Flaschen in einen Briefkasten passen. Auch ist dieser Ort relativ sicher vor dem Zugriff Unbefugter. Allerdings muss man hier den Zweitschlüssel an sich nehmen, sodass der Lebensgefährte nicht „dummerweise" die Post holt.

Man kann aber noch so viel Vorsicht walten lassen, so ist das Unmögliche vielleicht doch möglich. Der Betroffene erzählte mir, dass ihm wohl im Rausch irgendwann der Schlüssel abhandengekommen sei, worauf seine Frau, erfreut über dessen plötzliches Auftauchen, endlich mal wieder selbst die Post holen ging.

Die Flaschen vielen ihr mit lautem Getöse entgegen und zerbrachen auf dem Fußboden, worauf er sie
in seinem Dämmerschlaf lauthals fluchen hörte.
An diesem Tag hing der Haussegen gewaltig schief.

Trotz ihres durchaus amüsanten Unterhaltungswertes haben diese Geschichten natürlich einen sehr traurigen Hintergrund. Kein Regisseur käme jemals auf solche wahnwitzigen Ideen.

Vielleicht hilft dies bereits den Menschen, die mit einem Trinker zusammenleben, um hinter dessen Spiel zu kommen, und nicht andauernd an sich und seinen Befürchtungen und Beobachtungen zu zweifeln.

Denn jedem CO-Alkoholiker passiert es häufig, dass seine Erfahrungen ihm einfach nicht als real erscheinen wollen und können. Er ist eben nicht in der Lage, so krank zu denken, wie der Abhängige es tut und tun muss.

Deshalb werde ich im nächsten Teil allen Co´s aufzeigen, wie sich am besten verhalten können, indem sie Einsicht in die geheime Trickkiste eines Trinkers erhalten.

DIE ROLLE DES CO-ALKOHOLIKERS

Dieser Personenkreis nimmt eine Schlüsselrolle in der Laufbahn eines jeden Trinkers ein.

Er erleidet Qualen, die er nur selten jemandem anvertrauen kann und oftmals auch nicht will.

Verständlicherweise. Denn auch er hat ein bestimmtes Bild vom Trinker, wie eingangs beschrieben. Er will ebenfalls nicht wahrhaben, dass sein Partner „richtig" süchtig ist und dessen Verhalten von der Sucht bestimmt wird.

Ich habe schon von sehr schweren Schicksalen gehört und diese Co - Alkoholiker tun mir wirklich leid. Sie stehen völlig hilflos daneben, während die Person, die Sie einmal aus Liebe zu ihrem Partner machten, wegen übermäßigem Alkoholkonsum zugrunde geht. Nicht allein die Vernichtung des Süchtigen selbst ist dabei so tragisch. Nein, die Tatsache, dass die Sucht das komplette Miteinander vernichtet, ist noch weitaus schlimmer.

Der Süchtige nützt den Partner aus, wo und wann er nur kann. Er macht ihn zu seinem Handlanger, und leider nur allzu oft, auch zu seinem Vollstreckungsgehilfen.

Der Co -alkoholiker ist derjenige, der dem Trinker den Rücken freihält. Er kocht ihm am nächsten Morgen, nach einer Sauftour, den Kaffee, er übernimmt dessen Teil der Hausarbeit und er lügt für ihn, wenn dieser nicht imstande ist, seinen Verpflichtungen nachzukommen.

Der Co hat alle Hände voll zu tun, die Suppe, die ihm der süchtige Partner eingebrockt hat, auszulöffeln.

Da niemand von uns wahrhaben will, dass jemand aus seiner eigenen Familie unter einer solch abscheulichen, „erniedrigenden" Krankheit leidet, setzen wir alles daran, deren Existenz zu verdrängen und schließlich auch zu vertuschen.

Hat schon einmal jemand ein Problem damit gehabt, zu sagen, „Mein Mann oder meine Frau hat Diabetes"? Nein. Obwohl diese Krankheit ein perfekter Vergleich ist. Wer Diabetes hat, darf keinen Zucker und sonstige gesüßte Lebensmittel zu sich nehmen.

Auch ist Diabetes, genau wie Alkoholismus, eine Krankheit, von der wir ein Leben lang begleitet werden.

Sie ist ebenfalls nicht heilbar, sondern nur durch eine gesunde Lebensweise, und in diesem Fall durch die Einnahme von Insulin, in Schach zu halten. Genau wie die Trunksucht durch einen lebenslangen Alkoholverzicht am Ausbruch gehindert wird.

Und dennoch erhalten die an Diabetes erkrankten Menschen mehr Mitgefühl als ein Alkoholiker, obwohl beides Krankheiten sind, die niemand absichtlich auf sich zieht.

Aber wir sehen ja wie unterschiedlich die Gesellschaft reagiert. Also sollten Sie sich sofort den Rücken stärken. Beginnen Sie, als Mitbetroffener, sich über die Krankheit Ihres Partners zu informieren. Sie können in viele Gruppen gehen, um sich das nötige Wissen zu holen.

Gruppen, wie z. B. beim Blauen Kreuz, den Anonymen Alkoholikern, den Gut Templern und vielen mehr, werden Sie gerne aufnehmen. Dort erhalten auch oder gerade Co - Alkoholiker jederzeit Rat und Hilfestellung.

Al-Anon ist eine Selbsthilfegruppe, die sich speziell um die Mitbetroffenen kümmert. Teilen Sie Ihrem Partner zunächst nicht mit, wohin Sie gehen. Sie würden die Sache vielleicht unnötig verschlimmern.

Wenn ich auch Ihnen, wie schon dem Süchtigen selbst, unbedingt den Besuch einer Gruppe empfehle, will ich Ihnen trotzdem einige Denkanstöße geben, die Ihnen die Startphase etwas erleichtern können.

Erst wenn Sie wissen, wie Sie sich verhalten sollen, können Sie sicher in die Offensive gehen.

Es wird Ihnen anfänglich befremdend vorkommen, Ihren Partner als Alkoholiker zu bezeichnen, doch Sie werden sehr schnell feststellen, wieviel Ihrer Mitmenschen dies bereit wussten, Sie nur nie darauf angesprochen haben.

Denken Sie zunächst einmal an die Zeit der Trockenheit. Wie schön es sein wird, wenn Sie wieder „gemeinsam" Freude am Leben haben können. Machen Sie sich ein für alle Mal klar, dass nur der Stillstand der Sucht die derzeitige Situation ändern kann.

Lassen Sie sich auf keine Kompromisse ein. Beurteilen Sie das Trinkverhalten Ihres Partners nach „normalen", gesunden Maßstäben.

Niemand hat das Recht, in Ihrem Leben herum zu pfuschen. Natürlich ist es die Liebe zu Ihrem Partner, die Sie veranlasst hat, sich diesem Problem anzunehmen.

Setzen Sie alles daran, dieses Problem zu beseitigen. Vergessen Sie dabei aber nicht Ihre eigene Zukunft. Es gibt nur einen Weg zum Ziel. Und der heißt Abstinenz, ohne „wenn und aber". Lassen Sie sich auf keine „Spielchen" ein. Wählen Sie den erfolgreichen Weg. Und diesen Weg werden Sie nur dauerhaft gehen können, wenn Sie sich die nötigen Informationen holen und diese dann auch ständig umsetzen. Das heißt, auch Sie müssen lernen mit der Sucht richtig umzugehen, da die Sucht bei Ihnen ebenfalls Veränderungen vorgenommen hat, die Sie momentan vermutlich noch nicht erkennen.

Jeder Süchtige zieht sein privates Umfeld unweigerlich mit in die Tiefe. Die Mitbetroffenen haben nur einen schwerwiegenden Nachteil, sie nehmen alle Details der Sucht bewusst wahr und erleiden deshalb meist noch mehr psychische Qualen, als der Betroffene selbst.

Zunächst müssen Sie aus Ihrem Gefängnis ausbrechen. Öffnen Sie sich der Sucht Ihres Partners und hören Sie auf, sich für ihn zum Narren zu machen.

Sie müssen von nun an das Denken übernehmen, denn für ihn denkt nur noch die Sucht, und er für die Befriedigung derselben. Und dazu sind ihm alle Mittel recht. Auch der Einsatz IHRES Lebens.

Was steht für Sie auf dem Spiel? Dem Süchtigen ist es doch egal, was aus ihnen wird, solange sie nur funktionieren.

Zeigen Sie ihm eindeutig, dass Sie sich auf diese Weise und zu dem Zweck der Suchtbefriedigung nicht mehr einsetzen lassen. Sie müssen sich sehr, sehr konsequent verhalten.

Der Süchtige verfügt über ein überdurchschnittliches Wahrnehmungsvermögen, das ihm jede kleine Lücke in seinem Verteidigungssystem meldet. Jedes noch so kleine Entgegenkommen und Anzeichen von Unentschlossenheit ihrerseits, wird er schamlos ausnutzen und dadurch seine Position stärken.

Vermeiden Sie deshalb leere Drohungen, denn das durchschaut er sehr schnell. Wie oft haben Sie schon die Koffer gepackt, und sind ihm danach doch wieder auf den Leim gegangen, um daraufhin die Kleider wieder fein säuberlich in den Schrank zu hängen?

Zeigen Sie ihm deutlich, dass Sie nicht mehr mit sich spaßen lassen. Das gelingt Ihnen am besten, wenn Sie Arbeiten, die unmittelbar zur Unterstützung der Sucht dienen, von nun an nicht mehr ausführen.

Lassen Sie ihn mit den Auswirkungen der Sucht allein. Führen Sie ihm deutlich vor Augen, welch harte Aufgabe es ist, die Begleiterscheinungen seiner Trinkexzesse beiseite zu räumen.

Auf gut Deutsch, „lassen Sie ihn in seinem Erbrochenen

liegen, bis er seinen Rausch ausgeschlafen hat". Sorgen Sie dafür, dass er richtig liegt und nicht erstickt, damit er ohne größeren Schaden in seinen stinkenden „Abfallprodukten" aufwachen und spüren kann, was Sie für Ihn bisher getan haben. Machen Sie ihn durch solche Lektionen zu seinem eigenen Lehrmeister. So wird er am schnellsten merken, wie ekelhaft die Sucht in Wirklichkeit aussieht. Er muss am eigenen Leib spüren, dass Sie es ernst meinen. Packen Sie die Koffer nun „endgültig" und ziehen für ein paar Tage zu Freunden. Wenn Sie denen berichten, was Sie durchmachen, werden Sie sich leichter fühlen. Erwarten Sie aber nicht gleich das große Verständnis. Bedenken Sie, dass Ihre Erlebnisse von Außenstehenden nicht mit der gleichen Intensität aufgenommen werden, wie Sie es täglich fühlen.

Sie brauchen nun eine Menge Kraft. Zum einen haben Sie die Erniedrigungen der letzten Jahre zu verarbeiten, zum anderen müssen Sie sich nun womöglich noch gegen die etwaige Ignoranz Ihrer Mitmenschen durchsetzen.

Ich kann Ihnen an dieser Stelle nur Mut zusprechen. Es gibt mehr Leidensgenossen, als Sie momentan vielleicht glauben. Doch der Schritt in die Freiheit, und mag er sich noch so schwer erweisen, ist der einzig richtige. Stellen Sie sich vor, was noch alles auf sie zukommt, wenn er weitersäuft.

Verlust der Arbeit, der sozialen Sicherheit, körperlicher und geistiger Zerfall, ein Leben am Rande des Abgrunds. Sie helfen mit Ihrer Aktion nicht nur Ihrem kranken Partner, sondern auch Sie haben nun die einmalige Chance, ganz von vorn zu beginnen.

Sie benötigen hierfür absolute Ehrlichkeit. Und diese Ehrlichkeit erhalten Sie am schnellsten, wenn Sie ab sofort einfach die Wahrheit sagen und für seine Krankheit keine beschönigenden Ausreden mehr erfinden. Diese Ausreden sind nämlich der Beweis dafür, dass auch Sie im Grunde genommen bereits psychisch krank sind.

Auch in Ihrem Inneren lebt schon lange ein Mr. Hyde, der nur darauf wartet, Ihr eigentliches Ich zu unterjochen.

Da der Co-Alkoholiker durch sein „unwissendes" Verhalten der Sucht oftmals noch dazu verhilft, sich in der ganzen Familie einzunisten, merkt er erst sehr spät, dass auch bei den unmittelbaren Angehörigen, erhebliche Persönlichkeitsveränderungen stattfinden.

Alles dreht sich nur noch um ihn. Auch wenn er schon lange nicht mehr in der Lage ist, seinen Verpflichtungen nachzukommen, spielt er die erste Geige. Seine Familie fürchtet sich davor, ihn auf sein Problem anzusprechen, da er daraufhin vielleicht wieder „ausrastet", zumindest aber den Spieß umdreht und den besorgten Mitmenschen mit einer Flut von Schimpfwörtern für deren Sorge belohnt. In vielen Fällen erfolgt deshalb keinerlei Kommunikation innerhalb der Familie mehr.

Man meidet das persönliche Gespräch aus Angst vor weiteren Enttäuschungen und versucht mit aller Kraft „die Heile Welt" nach außen zu repräsentieren.

Man will einfach nicht wahrhaben, dass sein ganzes Leben zerstört wird oder bereits ist. Viele Co -alkoholiker flüchten deshalb in eine Traumwelt. Sie tun tatsächlich so, als wäre alles völlig normal.

Es ist aus diesem Grund nur allzu verständlich, dass der Co bei einem Anruf des Chefs seines Partners lügt: „Mein Mann, meine Frau kann heute nicht zur Arbeit kommen. Er/Sie hat die Grippe".

Geben Sie Mr. Hyde von jetzt an keine Gelegenheit mehr zu triumphieren. Beginnen Sie für sich und Ihren Partner verantwortungsbewusst zu handeln und nennen Sie die wirklichen Gründe seiner Arbeitsunfähigkeit: „Mein Mann/meine Frau liegt betrunken im Bett. ER/SIE kann nicht zur Arbeit kommen".

Heutzutage legen die meisten Firmenbosse Wert darauf, nüchterne Mitarbeiter zu beschäftigen, da auf diese einfach mehr Verlass ist. Teilen Sie deshalb seinem Chef beim nächsten Telefonat, oder am besten in einem persönlichen Gespräch mit, was mit Ihrem Partner los ist, und bitten Sie den Vorgesetzten um seine Mithilfe. Er soll Ihren Partner auf seine Sucht ansprechen. Auch hier ist ein konsequentes Vorgehen unabdingbar.

Entweder er unterzieht sich einer Therapie oder ihm droht die Kündigung.

Vermutlich ist sein Chef sogar dankbar, schließlich war er ja bisher mit seiner Leistung zufrieden und will ihn deshalb nicht verlieren.

Sie tun damit also nicht nur Ihrem Partner einen Gefallen, sondern tragen gleichzeitig Ihren Teil zu einer verbesserten Produktivität seiner Person bei, worüber der Vorgesetzte eher erfreut als böse reagieren wird.

Nun steht er also vor einer Entscheidung, die eine klare Antwort erwartet.

In den meisten Fällen muss erst einmal Druck von außen kommen, damit der Süchtige einsichtig wird. Aber auch hier kann ich Ihnen aus Erfahrung sagen, dass die Mehrzahl der Süchtigen froh darüber ist, endlich Hilfe zu bekommen mit der Gewissheit, deshalb nicht auf die Straße gesetzt zu werden.

Er bekommt so von seinem Partner und seiner Firma den Rücken gestärkt. Mit diesem Gefühl der Sicherheit kann er sich ganz auf seine Gesundung konzentrieren.

In einer Therapie wird sein Körper zunächst einmal von dem

Gift befreit und er hat somit in einer sicheren Umgebung Gelegenheit, sein Leben neu zu überdenken. Ist der Kopf erst einmal eine Zeit lang frei von Alkohol und dessen Beschaffungsproblemen, beginnt in den meisten Fällen das „Erwachen". Geben Sie ihm also diese Chance.

Was haben Sie schon zu verlieren. Entscheidet er sich trotz allem äußeren Druck für ein Weitertrinken, wird IHR Leben ebenfalls keine Höhen mehr haben. Warum also nicht gleich eine klare Entscheidung herbeiführen?

Wenn er sich nicht helfen lassen will, muss er sich seinem selbstauferlegten Schicksal ergeben.

Sie haben dann wenigstens ihr Möglichstes getan und brauchen sich keine Vorwürfe zu machen. Schauen Sie jedoch weiterhin einfach zu, gehen Sie beide vor die Hunde. Und Sie stehen dann erst recht vor dem Nichts.

Vielleicht hören Sie dann noch Vorwürfe von den Schwiegereltern und Freunden, dass Sie ihm nicht geholfen und niemals um Hilfe gebeten haben. Am Ende gibt man Ihnen womöglich noch die Schuld an seinem Tod.

Beginnen Sie also noch heute, für IHRE Zukunft und die ihres Partners einzustehen, denn er hat ohne Ihre Hilfe vielleicht keine Perspektiven mehr. So lange er trinkt, lebt er in der Vergangenheit und sein gegenwärtiges Leben wird von der Sucht gelebt.

Geben Sie ihm unter keinen Umständen die Schuld für seine Krankheit. Helfen Sie ihm, sich selbst zu erkennen und zeigen Sie ihm, dass er die Möglichkeit hat wieder so zu werden, wie er einmal war.

Das gelingt Ihnen nur, wenn Sie ihm vorleben, dass es auch ohne Alkohol geht. Falls Sie bisher hin und wieder mitgetrunken haben, unterlassen Sie dies ab sofort.

Zeigen Sie ihm unmissverständlich, dass Sie ihn lieben und bei ihm bleiben möchten; jedoch nicht zu seinen

Bedingungen.

Verhalten Sie sich ihm gegenüber nicht, wie er es von Ihnen in Ihrer Rolle als zuverlässiger CO erwartet. Halten Sie ihm ständig wieder einen Spiegel vor Augen.

Die Tipps, die ich Ihnen gebe, sind dennoch mit Vorsicht zu genießen. Falls ihr Partner zu Handgreiflichkeiten neigt, sollten Sie an erster Stelle an ihre persönliche Sicherheit denken.

Provozieren Sie ihn also nicht zu sehr oder leiten Sie ihre Aktionen besser aus einem sicheren Abstand, bis er wieder nüchtern ist.

Meine Erfahrungen haben gezeigt, dass sich alle Alkoholiker hundertprozentig auf ihre Co´s verlassen. Der Co ist Wachhund, Krankenschwester und Seelsorger in einer Person.

Zeigen Sie ihm durch ihr Verhalten, dass dies nunmehr nicht mehr so sein wird. Kaufen Sie Alkohol nicht mehr stillschweigend, so als wäre dieser ein normaler Bestandteil Ihres Haushaltes.

Wenn er Durst hat, soll er ihn sich selbst holen. Besteht er darauf, dass Sie gehen, dann kaufen Sie ihm etwas. Die Frau eines Gruppenteilnehmers berichtete, dass Sie eines Tages eine sehr drastische Maßnahme ergriffen hatte. Als Sie ihm wunschgemäß Vodka von der Tankstelle holte, knallte Sie ihm gleich zwei Flaschen auf den Tisch und sagte: „Hier, sauf dich doch endlich zu Tode. Aber beeile Dich damit!"

Sie ließ ihn damit von ganzem Herzen spüren, dass es ihr egal war, was aus ihm würde. In diesem Fall zeigte Ihre Reaktion tatsächlich Wirkung. Ihre harschen Worte rüttelten ihn wach und hörte tatsächlich auf zu Trinken.

Es ist nicht allein damit getan, ihn wegen seines

Trinkverhaltens anzuklagen. Was er wissen muss ist die Tatsache, dass Sie nicht mehr gewillt sind, Ihr Leben vom Alkohol zerstören zu lassen.

Sollten ihn Ihre Worte dazu veranlassen laut zu werden, reißen Sie sämtliche Türen und Fenster auf, sodass die Nachbarn hören, was in Ihrer Wohnung vor sich geht. Sie werden sich wundern, wie schnell er sich beruhigt.
Denn auffallen will er unter gar keinen Umständen.

Trinkt er nach Ihren „Ermahnungen" erst recht weiter, lassen Sie ihn, wie schon gesagt, buchstäblich in der Kotze liegen. Am Morgen danach wird er dann dumm aus der Wäsche schauen, wenn Sie weg sind.

Sie sollten all Ihre Bemühungen, ihn vom Alkohol wegzubekommen, ohnehin nur dann starten, wenn er nüchtern ist, da er im angetrunkenen Zustand nicht sein eigener Herr ist und dann die Sucht seine Handlungen bestimmt.

Ihre Kernaussage muss also stets folgende sein: "Es ist mir egal, ob Du Dein Leben zerstörst. Ich lasse mir meines nicht zerstören".
Lassen Sie keine Gelegenheit aus, wieder am echten Leben teilzuhaben. Wenn Sie Lust haben ins Kino, in die Oper oder sonst wohin zu gehen, tun Sie dies auch. Leben Sie so, als seien Sie bereits frei.
Werden Sie auch bei einer solchen Gelegenheit angesprochen, warum Sie allein kommen, wissen Sie, dass Ihre Antwort nur lauten darf: „Er/Sie ist mal wieder betrunken".
Sie sind für Ihr eigenes Leben verantwortlich, handeln Sie

deshalb auch verantwortungsbewusst. Decken Sie das Verhalten des süchtigen Partners keinesfalls vor ihren Kindern. Sagen Sie ihnen, was mit ihm los ist.

Die Kinder müssen mit absoluter Sicherheit wissen, dass Sie keine Schuld an dem sonderbaren Verhalten ihres Vaters oder ihrer Mutter trifft.

Nichts ist schlimmer für Kinder, als Geheimniskrämerei. Denn sie flüchten dann ebenfalls in eine realitätsfremde Welt. „Meine Mutter/Vater ist krank. Sagen Sie den Lehrern und ihren Kindern, was tatsächlich los ist. Lassen Sie nicht zu, dass Ihre Kinder auch schon zum Co erzogen werden.

Sie sind unschuldig und verdienen es nicht, mit so einer Geschichte belastet zu werden, die ihre Zukunft zerstört. Mit Ihrer ehrlichen Aufklärung lernen sie, welche Folgen die Einnahme dieser Droge haben kann.

Nicht, dass Kinder aufgrund dieser Aufklärung für den Rest ihres Lebens außer Gefahr sind, selbst einmal zur Flasche zu greifen. Sie begreifen aber eher, dass Alkoholismus eine Krankheit ist, für die man sich nicht schämen muss. Diese Krankheit wird in Ihrer Familie somit nicht tabuisiert und nicht, wie in vorangegangenen Generationen und heute noch in weiten Teilen der Bevölkerung, einfach unter den Teppich gekehrt.

Machen Sie sich frei von allen Klischees über Alkoholismus. Sie können stolz auf ihren Mut und Ihre Aufrichtigkeit sein und werden dadurch in allen Bereichen nur Hochachtung ernten.

Wenn Sie ihre bisherige Rolle beibehalten, sind vielleicht auch SIE nicht mehr zu retten.

Wie schon zuvor angesprochen, spielt sich die Krankheit lange Zeit ausschließlich in der Psyche ab. Und gerade die

Psyche ist beim Co-Alkoholiker stark belastet. Selbst die strikten Verfechter der Schulmedizin, sind sich heute darüber einig, dass viele körperliche Krankheiten ihre Wurzeln in einem angeschlagenen Seelenleben finden.

Die Befürchtung, einmal körperlich krank zu werden, sollte nicht im Mittelpunkt unseres Denkens stehen. Wir können alles intensiv genießen, wenn unser Geist gesund ist. Vielleicht ist der Geist in der Tat der Teil, der aus uns Menschen das macht, was wir sind, fühlende, empathische Wesen.

Ist die wahre Basis unseres Daseins die Seele, ist es doch naheliegend, zunächst dafür zu sorgen, dass wir uns frei von Zwängen machen.

Auch ich kann heute mit fester Überzeugung sagen, dass weniger die körperlichen Beeinträchtigungen während meiner Trinkzeit eine Qual waren, sondern vielmehr machte mir meine zerstörte Seele zu schaffen. Ich war nicht mehr in der Lage, meine Umwelt mit all ihrer Schönheit und auch Problemen real zu betrachten. Ich war ein Sklave dieser scheußlichen Droge, deren Ketten meine einzigartige Vielfältigkeit lähmten.

Die nun mehr zurückeroberte, gesunde Psyche erlaubt mir heute, frei zu sein. Nicht, dass ich das Leben durch eine rosarote Brille betrachte, sondern, täglich Freude in der Lösung von alltäglichen Aufgaben empfinde, die sich mir in der Trinkzeit wie tonnenschwere Felsbrocken in den Weg gelegt hatten.

Das Leben muss zu einem Wettbewerb gemacht werden. Mit Spaß und Energie sein Bestes zu geben, mit dem olympischen Vorsatz „dabei sein ist alles".

Sehen Sie als Co-alkoholiker Ihre derzeitige Aufgabe in erster Linie darin, den Alkohol von seinem momentanen

Stellenwert herunterzuholen.

Nichts kann schöner sein, als ein klarer Verstand und wohltuende Entspannung mit einer guten Tasse Tee.

Vielleicht konnte ich Ihnen zu diesem Thema ein paar Denkanstöße geben, die Ihnen helfen, Ihre Probleme mit Ihrem Partner in den Griff zu bekommen.

Lesen Sie weiter und versetzen Sie sich in die Lage des Süchtigen. So werden Sie sein Verhalten besser verstehen und erkennen, dass er nicht anders kann.

Diese Erkenntnis hilft Ihnen gleichermaßen, Ihre Strategie zu optimieren.

DAS LEBEN WIRD ZUR QUAL

Durch das Verhalten des nunmehr informierten Co - alkoholikers beginnt für den Süchtigen ein wahrer Spießrutenlauf.

Die täglichen Signale, die auf ihn einströmen, beweisen ihm seine Unzulänglichkeit. Es wäre ja zu einfach, wenn er nach ein paar „gehässigen" Äußerungen des Partners sofort mit dem Trinken aufhören würde.

An dieser Stelle einer Trinkerkarriere beginnt meist von Neuem ein Kampf auf Leben und Tod. Der Spiegel, der ihm immer wieder vorgehalten wird, zeigt seine hässlichste Fratze.

Beim allmorgendlichen Anblick dieses „fremden", ekelerregenden Gesichtes, schwört er sich, niemals mehr einen Schluck zu trinken. „Ich werde es denen schon noch beweisen".

Nur zu oft bleibt es jedoch nur bei dem Schwur. Die Sucht ist stärker. Sie verlangt nach ihrem

Recht. Sie bestimmt, was getrunken wird und nicht die von ihr befallene Person.

Und wieder gibt der Süchtige nach, weil er unter dem kurzzeitigen Entzug bereits wieder Höllenqualen leidet, was er erneut als Schwäche interpretiert.

Sehr häufig kommt es dadurch zu einer räumlichen Flucht. Der Süchtige schämt sich nach Hause zu gehen und zieht es deshalb vor, in irgendeiner Kneipe bis zum Zapfenstreich zu verharren, um sicherzugehen, dass der Partner bis zu seinem Eintreffen schläft. Er vermeidet absichtlich den persönlichen Kontakt.

Die Worte seiner Familie und seiner Freunde sind allgegenwärtig. Nicht nur sein Badezimmerspiegel sagt ihm die Wahrheit ins Gesicht, nein, alle Menschen, die ein nüchternes, suchtfreies Leben führen, halten ihm buchstäblich das Messer an die Kehle.

Er vereinsamt. Schamgefühle und ein sehr starkes Minderwertigkeitsgefühl hindern in daran, mit Personen aus seiner Gesellschaftsschicht zu verkehren.

Noch immer ist er nicht in der Lage, gerade diese Personen um Hilfe zu bitten. Der Alkohol übernimmt weiterhin die Führung.

Er hat ein großes Verlangen, ein starker, selbstbewusster, erfolgreicher Mensch zu sein. Sein Spiegel und alle anderen äußeren Bemerkungen sagen ihm aber, dass er nur ein Trinker ist, unfähig, seine Probleme zu meistern.

Er kann die Qual nicht mehr ertragen und sucht nach Auswegen, die ihm weniger schmerzliche Resultate bieten.

Er will ein ganzer Mann sein, der trotz seines Alkoholkonsums, auch als Mann gilt.

Wer unterstützt ihn jetzt in seinem krankhaften Glauben, auch im Suff der Kerl zu sein, der er zu sein wünscht?

Die Antwort liegt nahe. Personen, die noch viel tiefer in der Sucht stecken und die weit unter seinem Niveau liegen.

Er verbringt seine Zeit von jetzt an in heruntergekommenen

Kneipen, in denen nur „Subjekte" des Alkoholismus verkehren.

Penner, soziale Versager. Hier ist er plötzlich wieder der King. Dort ist er wieder Jemand. Aufgrund seiner noch intakten Finanzkraft zeigt er sich spendabel und gewinnt schnell an Ansehen.

Kurzum, er fühlt sich wieder pudelwohl. Seine bisherigen Freunde bezeichnet er in diesem Umfeld vielleicht noch als „arrogante Idioten" und sichert sich somit einen großartigen Lacherfolg bei seinen neuen Gesprächspartnern.

Seine vorherige Überzeugung, ein Versager zu sein, wird umgewandelt in eine sehr „soziale" Lebenseinstellung, die ihn in diese „bescheidenen Kreise" führte. Er macht den aufmerksam lauschenden „Freunden" klar, was für einen tollen Job er hat und wie großherzig er ist.

Immer mehr steigert er sich in die neue Traumwelt hinein, ohne zu merken, dass dies die Vorboten des Abstiegs sind.

Durch die entgegengebrachte Achtung seiner Zechgenossen, erblüht er wieder zu neuer Schönheit. Zumindest während des Saufgelages.

In den Spiegel schaut er morgens nur noch flüchtig. „Nichts wird so heiß gegessen, wie es gekocht wird" ist sein neues Motto.

Alle Widersacher bezeichnet er von seinem Thron herunter als „Würmer", die ihm doch eigentlich nicht das Wasser reichen können.

Die Phase, die er nun durchlebt, entpuppt sich zu einer echten Zerreißprobe aller privaten Beziehungen.

Viele seiner sonst treuen Freunde und Familienangehörigen wenden sich nun verständlicherweise von ihm ab. Er lässt ja auch kein gutes Wort an ihnen.

Vielleicht vermittelt ihm seine derzeitige Haltung sogar noch ein Gefühl der Macht, welches er, bis zur Schmerzgrenze der Betroffenen, auskostet.

Er denkt, dass er Herr der Lage ist und säuft mehr denn je.
Die anfängliche Qual wir jetzt zur Tugend. Trinkfeste Männer werden zu Helden gekürt, Männer, die nichts trinken, zu Waschlappen deklariert. Die Lösung seines Alkoholproblems liegt in der Vorstellung, seine Trinkmenge zu steigern und somit endgültig zum Star der Trinkerszene zu werden. Worin liegt der Sinn des Lebens? Haben diejenigen Recht, die immer nüchtern und verantwortungsvoll mit sich und anderen umgehen oder die, die wissen, wie man richtig „genießt?" Plötzlich ist die unbestreitbare Sucht, ein Genießen.
Sein komplettes Wertesystem gerät ins Wanken.
Nichts, was ihm vor Beginn der Trinkerkarriere wichtig war, ist nunmehr von Bedeutung. Der Alkohol gewinnt weiterhin an Stellenwert, oder besser gesagt, er wird zur Lebensgrundlage, zum Sinn des Daseins.
Sein „Lebensdrehbuch" bekommt einen neuen Inhalt und straft all die lieben, fürsorglichen Mitmenschen Lügen.
Da diese Sichtweise zur Lebensphilosophie des Trinkers wird, werden alle Verpflichtungen und Aufgaben Nebensache.
Er ist sich sicher, dass sich alle nur um ihn sorgen, weil sie auf sein monatliches Einkommen scharf sind.
„Ja, genau, die sind doch an allem schuld. Die haben mich nur ausgenutzt und mich zum Trinken veranlasst". Endlich hat er die Schuldigen ausfindig gemacht. Jetzt wird er sich rächen. „Die werden noch merken, was sie an mir haben".

ALLES EGAL

Auch hier merke ich nochmals an, dass dieses Verhalten nicht auf alle Abhängigen zutrifft, doch viele meiner Gesprächspartner haben davon berichtet, auch so gedacht zu haben.

Es ist für einen Süchtigen nur allzu menschlich, dass er die Schuld von sich weist. Gerade der Süchtige ist nicht im Stand, für seine Taten einzustehen.

Die Krankheit ist zudem viel zu beharrlich, um klein beizugeben. Sie versetzt den Abhängigen in den Glauben, dass er der Herr der Lage ist. Die Sucht nimmt alle Äußerungen des fürsorglichen Partners auf und stellt rechtzeitig die Weichen.

Sie vereitelt jeglichen Anflug von Vernunft. Ihr Überlebenswille ist sehr stark. Die Sucht erwartet absolute Loyalität. Hat sie den Befallenen in fortgeschrittenem Stadium einmal so weit, dass er sich schützend vor sie stellt, flüstert sie ihm mit Engelszungen Zuversicht ins Ohr.

Nicht die Sucht ist schuld an seinem Zustand, sondern seine Umwelt hat ihn dahin gebracht, wo er heute ist. Mit aller Kraft setzt er sich für seinen inneren Peiniger ein, ohne auch nur daran zu denken, dass die Sucht etwas Böses im Sinn haben könnte.

Nur die Gesellschaft wird für schuldig befunden und verurteilt. Man selbst ist nur das Opfer intriganter Personen, die sich hinterlistig in sein Leben eingeschlichen haben.

Alle Freunde, die aufrichtig mitempfinden, werden als falsche, egoistische Subjekte empfunden.

Warum in aller Gottes Welt sollte er da noch mitspielen? Ist es nicht so, dass nur Betrüger und gewissenlose Menschen im Leben etwas erreichen? Hat man als grundanständiger Zeitgenosse nicht von vornherein die schlechteren Karten?

Diese Gedankengänge sind beim Abhängigen sehr oft extrem ausgeprägt und bestimmen deshalb sein ganzes Handeln.

Er bemitleidet seine Lage und hasst alle, die offenbar sorglos leben. Seine Situation sieht er als ein von Gott auferlegtes Schicksal an. Sein Trinken ist eine Art Trotzreaktion auf alle auferlegten Strafen.

Nur die, die dem Teufel ihr Leben in die Hand geben, können es zu etwas bringen. Aber er ist Gott treu ergeben und nimmt sein Schicksal tapfer hin.

Es ist in der Tat so, dass Menschen, die im Leben nichts erreicht haben, allem Möglichen die Schuld geben, nur nicht selbst für Ihr „Versagen" einstehen wollen.

Ein Erfolgreicher ist stolz auf das Erreichte und verkündet gerne: „Das habe ich ganz allein geschafft".

Leider stehen bei solchen Vergleichen häufig die materiellen Errungenschaften im Vordergrund, wobei die Erfolge auf rein menschlicher Ebene als nicht ganz so wertvoll angesehen werden.

Und gerade dies ist für den Trinker von immenser Bedeutung. Aufgrund des herrschenden Statusdenken in unserer Gesellschaft bleibt dem Süchtigen oftmals nur die Möglichkeit, sich mit den Personen zu vergleichen, die in den Augen der Gesellschaft zu den Siegertypen zählen.

Kein Wunder also, dass er dieses Ansehen für sich als unerreichbar hält und andere Wege sucht, die es ihm ermöglichen, ebenfalls zum „Helden" emporzusteigen. Er ist dann ein starker Schwimmer gegen den Strom. Er denkt zumindest, dass er gegen den Strom schwimmt. Wenn alle Welt nur hinter dem schnöden Mammon her ist, macht er sich zum Widersacher, indem er ab sofort seine beruflichen Aktivitäten als unwichtig einstuft.

Er, der Herrscher seines Lebens und gleichzeitig Spielball

der „unehrlichen" Mächtigen, macht sich frei von allen Zwängen und meistert sein Leben auf seine Weise. Schließlich befindet er sich im Kreis seiner neuen Anbeter in bester Gesellschaft. In seiner umnebelten Wahrnehmungsfähigkeit erscheint ihm „seine Welt im Suff" als die einzig richtige Antwort auf alle Probleme der Menschheit.

Ihm ist sozusagen alles „scheiß egal". Man kann nur hoffen, dass er zu Sinnen kommt, bevor es zu spät ist. Ist durch die Sucht die letzte Reserve einer positiven Grundeinstellung zum Leben erst einmal zerstört, besteht nur wenig Hoffnung auf Rettung.

Der Abstieg beginnt.

DER ABSTIEG

Wie so ein Abstieg aussieht, hängt zum Großteil von der Vermögenssituation des Süchtigen ab.

Es gibt einige sehr bekannte Persönlichkeiten, die durch das Showgeschäft erhebliche Reichtümer angehäuft haben, die sie bis ans Lebensende nicht aufbrauchen können.

Diese Menschen müssen nur wenig Angst vor einem sozialen bzw. finanziellen Abstieg haben. Ihnen bleibt immer genügend übrig, um sich ein schickes Haus und den feinsten Stoff leisten zu können.

Ob ihnen jedoch das soziale Ansehen auf Dauer erhalten bleibt, ist auch hier fraglich.

Zugegeben, mit viel Geld kann man in unserer materialistischen Welt sicher leichter weitertrinken, doch die persönliche Lebensqualität wird ebenfalls eingeschränkt. Hier macht Alkohol keine Unterschiede. Bedenkt man, was ein berühmter Trinker mit seinem Vermögen alles erleben könnte, wenn er nüchtern wäre, anstatt die meiste Zeit sturzbesoffen in Hotelbars herumzuhängen, ist auch das ein Jammer.

Was wird aus dem Ansehen, das er sich hart erarbeitet hat? Wozu der ganze Stress, wenn man durch den Alkohol keine Lust mehr hat, seine Freizeit erholsam und kreativ zu verbringen?

Irgendwann bekommt er dann keine Engagements mehr und dient der Presse nur noch als Pausenclown. Natürlich, seine Familie ist wenigstens versorgt. Lässt seine Frau sich scheiden, erhält sie eine dicke Abfindung und sucht sich einen anderen.

Das ist allerdings wieder eine sehr materielle Sichtweise. Leider haben diese Ehepartner oftmals mit noch mehr persönlichem Leid zu kämpfen, als die einer „normalen" Ehe.

Schauspieler, Schlagerstars und andere Angehörige der Entertainment - Branche sind von Berufswegen sehr oft von zu Hause weg, wodurch das Privatleben zu kurz kommt.

Für den Partner ist das bestimmt nicht immer einfach. Er muss viel Liebe und Nähe entbehren, was für eine funktionierende Partnerschaft sehr wichtig ist.

Stellt man sich vor, dass der geliebte Mensch, den man nur zweimal im Monat sieht, dann noch bei jedem Treffen betrunken ist, kann man mitfühlen, welchen Schmerz das dem nüchternen Partner zufügt. Dafür kann man gar nicht genug Schmerzensgeld erhalten.

Vor kurzem habe ich einen Artikel über Dean Martin gelesen, er war ein großartiger Schauspieler.

Sein Tod war ein derber Verlust für Hollywood, sowie für alle seine Fans.

Lange Jahre stand er im Rampenlicht und genoss große Popularität. Er liebte das Leben mit all den dazugehörenden Partys. Die letzten Jahre verbrachte er dann trinkend in seiner Stammkneipe. Nur sein Freund „Alkohol" hielt nach all dem Ruhm der vergangenen Jahre treu die Stellung an seiner Seite.

Ich werde mir keineswegs anmaßen zu urteilen, was diesen Mann dazu brachte, Trost im Alkohol zu suchen, um letztendlich daran zu erkranken und jämmerlich zu verenden. Was ich mir aber gerne vorstelle ist, wie er wohl nüchtern in der Lage gewesen wäre, seine Erfolge zu verarbeiten und wieviel Rollen er noch im Alter hätte spielen können. Schade.

Eines sieht man doch wieder ganz deutlich, der Körper hält einiges aus. Es ist keine Seltenheit, dass Alkoholiker sehr alt werden, ohne frühzeitig an einer Leberzirrhose zu sterben.

Es ist sowieso eine irrige Annahme, die Leber sei das zuerst gefährdete Organ, das dem Alkohol zum Opfer fällt. Vor der Leber erkrankt häufig das Herz, die Bauspeicheldrüse, der Magen, usw.

Und mancher harte Trinker wird überhaupt nicht körperlich krank. Was aber niemals, oder nur sehr selten angesprochen wird, ist die Psyche. Immer wieder kommt man bei genauerer Betrachtung darauf zurück, dass dieser Wesensteil, welcher unsere Persönlichkeit ausmacht, nicht ernst genommen wird.

Die Psyche ist nun mal das große Unbekannte. Und alles, was uns nicht bekannt ist, weisen wir zunächst einmal von uns. Zudem kommt, dass wir Erkrankungen der Psyche sofort mit „nicht ganz dicht sein" abtun. „Der geht zum Psychiater. Das ist ein Irrer".

Leiden wir unter Depressionen oder wachsen uns unsere Probleme über den Kopf, schlucken wir jede Pille, die verspricht, unser Leiden zu lindern. Uns ist dann auch jede Art von Alkohol recht. Den Weg zu einem Psychiater oder Therapeuten setzen wir mit dem Weg zum Schafott gleich.

„Um Himmels Willen. Ich bin doch nicht bekloppt!"

Dass aber eine kranke Seele auf Dauer unser Leben zerstört, ist uns nicht ganz klar. Und das ist für mich der eigentliche Abstieg. Wir streben nach körperlicher Perfektion, achten darauf, nach außen hin gesund, erfolgreich und fehlerlos zu wirken. Wie dann so ein Abstieg im einzelnen Fall aussehen kann, wissen Sie selbst. Keine Wohnung, keine Arbeit, kein intaktes soziales Umfeld - die Gosse.

Ist unsere Psyche nicht voll und ganz intakt, kann sich das Leben sehr schnell in einen sehr langen, leidvollen Tod verwandeln. Das Leben geht an uns vorüber. Wir unternehmen alles, um die Psyche zu betäuben, damit sie uns bloß in Ruhe lässt.
Aber die Psyche lässt sich nicht so leicht kaltstellen. Sie braucht unsere Hilfe, um gesund zu werden. Und trotzdem schämen wir uns zu sagen: „Ich habe ein Problem und lasse mir helfen, es zu lösen".
Wir sind uns voll bewusst, dass wir Hilfe brauchen, schämen uns aber zu sehr, diese auch in Anspruch zu nehmen. Wir steigen langsam aber sicher ab. Wir leben nur noch mit halber Vitalität.
Der eigentliche Abstieg ist ein Produkt unserer inneren Einstellung, den wir durch negative Gedanken, Schamgefühle und einem falschen Stolz konstruieren, um ihn dann mit Hilfe von Alkohol Realität werden lassen.

Deshalb ist jeder, der in der Gosse endet selbst dafür verantwortlich. Da gibt es kein Wenn und Aber. Da hilft kein Selbstmitleid - „ich armer benachteiligter Tropf".
Wie schon zu Beginn gesagt, kann niemand etwas dafür, in

die Sucht hineinzuschlittern, aber er ist verdammt noch mal verantwortlich für sein weiteres Leben.

Da die Sucht Bestandteil unseres Körpers und unseres Geistes ist, aus welchen Gründen auch immer ist Nebensache, wird sie uns stets begleiten.

Haben wir uns dazu entschlossen ein abstinentes Leben zu führen, und richten wir unser Leben nach diesen neuen Auflagen aus, können wir alles zum Guten wenden. Natürlich ist man auch mit dieser neuen Lebensphilosophie nicht vor Schicksalsschlägen geschützt. Doch wir sind dann jederzeit in der Lage, klare und nüchterne Entscheidungen zu treffen, um jedes weitere Tief zu überstehen.

Wir dürfen mit unseren Gedanken keine negative Zukunft schaffen, sondern sollten uns unentwegt ausmalen, wie schön nun unser Leben ist und wie angenehm sich unsere zwischenmenschlichen Beziehungen entwickelt haben und noch entwickeln werden.

Das geht nur gut, solange wir keinen Alkohol mehr trinken.

Sobald wir wieder denken, dass hin und wieder ein Schlückchen nicht schaden könnte, und dieses Schlückchen uns dann auch noch genehmigen, messen wir dem Alkohol sofort wieder seinen Stellenwert bei und verfallen erneut in das alte Denkmuster.

Und dieses Denkmuster ist die Basis für den Abstieg. Wir müssen uns damit abfinden, dass wir keinen Alkohol vertragen, da sonst Psyche und Körper rebellieren und unser Leben dadurch erneut negativ beeinflusst wird.

Kein Penner wird als Penner geboren. Er ist das Resultat einer Aneinanderreihung falscher Wertvorstellungen und Entscheidungen.

Heute muss kein Suchtkranker wie ein Aussätziger leben. Er erhält überall Hilfe. Das Einzige was er dazu braucht ist ein wenig Einsicht und Mut, diese Hilfe anzunehmen. Mit diesen beiden Komponenten wird er in der Lage sein zu erkennen, welche Wege zu seinem Abstieg und welche zu einem glücklichen Leben führen.

Der Abstieg ist *niemals* vorprogrammiert.

Er ist vielmehr das Resultat unserer Gewohnheiten. Das Schöne an Gewohnheiten ist die Tatsache, dass wir sie ändern können.

Stellen wir hohe Erwartungen an unser Leben, werden wir viel erreichen. Haben wir ein Ziel vor Augen, eignen wir uns zwangsläufig Gewohnheiten an, die positive Auswirkungen auf unser Leben, unsere Gesundheit, unseren gesellschaftlichen Stand und unser Selbstvertrauen haben.

Deshalb setzen Sie sich Ziele. Es ist völlig gleichgültig, ob diese Ziele beruflicher, finanzieller oder gesellschaftlicher Natur sind, oder ob es einfach nur um Ihre persönliche Weiterentwicklung geht. Bei der Planung sollten Sie darauf achten, dass die Ziele positive Gefühle in Ihnen auslösen.

DAS KONTROLLIERTE TRINKEN

Der Stellenwert des Alkohols ist beim Süchtigen derart hoch, dass jegliche Vernunft und sämtliches Wissen über die Problematik eines übermäßigen Konsums, in der Regel nur wenig nützen.

Der Abhängige ist davon überzeugt, dass sein Leben ohne Alkohol nicht funktioniert. Er kann sich ein geselliges Zusammensein ohne einen Schluck einfach nicht vorstellen. Ein Leben in absoluter Abstinenz ist in seinen Augen undenkbar.

Da aufgrund seines Trinkverhaltens oftmals der Druck von

Seiten der Familie oder seiner Vorgesetzten steigt, und er dadurch in die Zwickmühle gerät, arbeitet er an einer Technik mit doppeltem Boden.

Er versucht kontrolliert zu trinken. Diese Art des Alkoholkonsums ist eine sehr harte und aufreibende Phase in jeder Trinkerkarriere. Es bleibt nämlich durchweg nur bei einem Versuch.

Werden Sie sich über eines vollkommen bewusst: Süchtig ist süchtig. Es gibt hier keine Kompromisse.

Bei einer Schwangerschaft ist es das gleiche. Ein bisschen schwanger gibt es nicht.

In Gruppengesprächen haben wir regelmäßig festgestellt, dass das kontrollierte Trinken bei jedem Alkoholiker einen lehrreichen Abschnitt darstellt.

Durch den Stellenwert des Alkohols ist dieses Trinkverhalten das höchste Ziel eines jeden Trinkers. Dadurch wäre man gesellschaftsfähig, ohne aufzufallen. Zudem wäre dies doch schon fast der Beweis, dass man eigentlich nicht wirklich süchtig ist. Schließlich ist man doch in der Lage, auch ohne, oder zumindest in einem „normalen" Maß, den „Freuden" des Alkohols zu frönen. Dieses Einschränken des Alkoholkonsums klappt auch komischerweise eine ganze Weile. Mit Willenskraft hält man das tatsächlich über einen gewissen Zeitraum durch.

Ich persönlich schaffte es sogar tage- und wochenlang nichts zu trinken. Auch wenn nach einer gewissen Zeit die Versuchung groß war, etwas zu mir zu nehmen, beschränkte ich mich im Beisein meiner Frau auf ein einziges Gläschen. Aber der Drang nach „Mehr" war immer zugegen.

Ich wollte meiner Frau krampfhaft vorspielen, dass ich kein

Alkoholproblem hatte. Diese Beweislast trieb mich sogar in die Praxis eines Psychiaters. Natürlich sagte ich ihm nicht die volle Wahrheit. „Ich trinke hin und wieder zwei bis drei Flaschen Bier", sagte ich ihm unschuldig, „meine Frau meint deshalb, dass ich ein Alkoholproblem hätte". Natürlich konnte mir bei diesen Angaben versichern, dass da kein Problem bestünde. Meiner Frau verkündete ich dann stolz das Ergebnis dieser Sitzung.

Was Sie mir erst Jahre später erzählte war, dass sie kurz darauf den Psychiater aufsuchte, um sicherzugehen, dass seine Diagnose auch richtig war. Eine gewisse Zeit lang war sie dann tatsächlich beruhigt und sorgte sich nicht mehr so sehr um meinen Zustand.

Allerdings hielt die sorglose Zeit in der Tat nicht lange an. Meine Abstürze wiederholten sich erneut in regelmäßigen Abständen und die Intensität nahm zu.

Offiziell hätte man mich zu dieser Zeit als „Quartalstrinker" bezeichnet. Seltsamerweise gilt diese Art des Alkoholikers als recht harmlos, da die Trockenphasen dazwischen von dem eigentlichen Leid etwas ablenken, zumindest für die Mitbetroffenen.

Der Süchtige selbst leidet häufig aber noch mehr Höllenqualen, da er sich sehnlichst wünscht, endlich wieder zu trinken. Es gibt auch Quartalstrinker, die währenddessen regelrecht über sich hinauswachsen und die zeitweise Trockenzeit zur Rehabilitation nutzen. Sie treiben Sport, ernähren sich bewusst gesund und nehmen völlig normal am gesellschaftlichen Leben teil, ohne das Bedürfnis etwas Alkoholisches trinken zu müssen.

Sie fallen deshalb weitaus weniger unangenehm auf, als ihre Leidensgenossen, die sich täglich betrinken (müssen). Auch ist bei ihnen deshalb der Druck, mit dem Saufen aufzuhören, von außen weniger groß.

Dieser Umstand verlängert natürlich auch die Trinkerkarriere recht häufig. Sie mogeln sich so fast unbemerkt viele Jahre durch, ohne als Säufer erkannt und enttarnt zu werden.

„Er trinkt nun hin und wieder gerne einmal einen über den Durst" heißt es dann noch fast liebevoll.

Dieser Zustand ist für die Lebensgefährten auch noch einigermaßen tragbar, solange der Süchtige bei Trinkeskapaden nicht zu Gewalttätigkeiten neigt.

Beim kontrollierten Trinken versucht der Süchtige mit aller Gewalt von seiner Gier nach Alkohol abzulenken. Er will mit ganzer Macht als völlig normal und gesund wirken.

Das ist jedoch absolut unnatürlich. Die psychische und körperliche Abhängigkeit ist eine Krankheit, die nicht nur sein eigenes Leben, sondern auch das seiner Lebenspartner, Familie und Kinder zerstört.

Er schafft den Ausstieg nur dann, wenn er etwas dagegen unternimmt. Nur er allein kann die Entscheidung treffen, ob er wirklich gesund weiterlebt oder irgendwann einsam und verlassen ohne jegliche Selbstachtung als Sozialfall endet.

Kontrolliertes Trinken ist ein sicheres Anzeichen, dass bereits ein Suchtproblem vorhanden ist. Ein gesunder Mensch muss sich nicht kontrollieren. Er trinkt hin und wieder ein Glas, wenn er darauf Lust hat, und vermisst auch nichts, wenn man ihm nur ein Glas Wasser hinstellt.

PHASEN DER TROCKENHEIT

Sobald der Abhängige gemerkt hat, dass das kontrollierte Trinken nicht funktioniert, und der Druck von außen und körperliches Unwohlsein ihn dazu zwingen, endlich Abstand vom Alkohol zu nehmen, trifft er eine Entscheidung.
Entweder säuft er bis zum bitteren Ende weiter, so lange, bis seine Organe den Job verweigern und ihm einen grausamen Tod bereiten. Doch auf diese Option will ich aber überhaupt nicht weiter eingehen.
Schafft der Abhängige nun den Weg in die Trockenheit, das heißt, er hört schlagartig auf zu trinken, begibt er sich zunächst in eine kritische Phase.
Viele Alkoholiker wissen nicht, in welche Gefahr sie sich dabei begeben. Sie nüchtern sich sozusagen in eigener Regie zu Hause aus. Ich muss nun deutlich sagen: Das ist nicht der richtige Weg, denn während des Alkoholentzuges besteht Lebensgefahr.

Begeben SIE sich während der akuten Entzugsphase unbedingt in ärztliche Obhut!

Ich möchte Ihnen mit laienhaften, aber verständlichen Worten erklären, warum dies notwendig ist.
Über die Jahre hat sich der Alkohol in Ihrem Organismus eingenistet. Alkohol ist ein Nervengift, das sich durch die regelmäßige Einnahme in Ihren Stoffwechsel eingereiht hat. Der Körper hat diesen sozusagen als „körpereigenen" Stoff erkannt und akzeptiert. Entzieht man dem Körper nun diesen Stoff, gibt er Warnsignale ab.

Bei Mangelerscheinungen, wie zum Beispiel das Fehlen von ausreichend Calcium, Magnesium und Eisen, sendet der

Organismus Signale, damit wir dem Körper die benötigten Nährstoffe wieder zuführen und ein reibungsloses Funktionieren gewährleistet ist.

Erkennen wir diese Mangelerscheinungen nicht, führt dies häufig zu weiteren, ernsthaften Erkrankungen.

Beim Alkohol verhält es sich zunächst ähnlich. Da Alkohol aber kein Stoff ist, den der Körper unbedingt zum Überleben benötigt, verschwinden die Warnsignale nach einer Weile, die zeitlich allerdings nicht bestimmbar ist.

Der Körper sendet also Warnzeichen, die darauf hinweisen, dass ein Ungleichgewicht besteht, ausgelöst durch den sinkenden Alkoholspiegel. Diese Signale treten in Form von Nervosität, übermäßigem Schwitzen, Zittern und Schwindel auf.

Im schlimmsten Fall fällt der Abhängige in das sogenannte Delir. Hierbei treten teilweise starke Bewusstseinslücken und Halluzinationen auf. Schüttelfrost, Krampfattacken und das Versagen lebensnotwendiger Organe sind ebenfalls häufige Begleiterscheinungen, die in vielen Fällen zum Tode führen.

Deshalb ist ein Entzug unbedingt in einem Krankenhaus unter ärztlicher Aufsicht durchzuführen. Machen Sie keine Experimente!!!

Planen Sie Ihren Entzug rechtzeitig. Sprechen Sie mit Ihrem Hausarzt oder begeben Sie sich direkt in eine Klinik.

In jeder Stadt gibt es Beratungsstellen, die Ihnen weiterhelfen und Sie an eine für den Entzug geeignete Stelle weiterleiten.

Nehmen Sie sich das wirklich zu Herzen.

In einem Krankenhaus erhalten Sie Medikamente, wie z. B. Distraneurin oder Doxepin, welche die oben genannten Symptome lindern und den Entzug damit erleichtern und eventuelle Ausfallerscheinungen verhindern.

Geben Sie den zuständigen Ärzten unbedingt an, was und wieviel Sie zuvor getrunken haben. Einige Medikamente haben fatale Wirkungen, die bis zum Atemstillstand führen können, wenn Sie mit Alkohol eingenommen werden. Lügen Sie nicht! Die Ehrlichkeit beginnt jetzt!

Haben Sie keine Angst. Sie sind nicht allein. Wenn Sie Hilfe benötigen, wenden Sie sich an einen Suchtberater, der in fast jeder medizinischen Einrichtung bereitsteht.

Oftmals stabilisiert sich der Zustand der Entzugspatienten erfreulicherweise sehr schnell. Ist der akute Entzug erst einmal überstanden, kommen Vitalität und Kraft zurück, die durch den Alkoholmissbrauch lange Zeit verschwunden waren.

Der Süchtige fühlt sich dann wieder kräftig und vollkommen lebenstauglich.

Aber diese Phase der Sucht ist ein zweischneidiges Schwert. Wird der Betroffene nach dem Entzug aus der sicheren Umgebung des Krankenhauses entlassen, steht er häufig allein da.
Das heißt nicht, dass ihm von da an keine Hilfe mehr zur Verfügung steht, sondern eher, dass er glaubt, ab jetzt keine Hilfe mehr zu benötigen. Er ist der Überzeugung, dass mit dem erfolgten Entzug auch zugleich eine wundersame

Heilung eingetreten ist. Es ist für ihn ein erhabenes Gefühl, kein Verlangen mehr nach Alkohol zu haben. Tatsächlich blühen die Süchtigen in diesem Abschnitt ihrer Trinkerkarriere förmlich auf und strotzen gerade so vor Selbstbewusstsein.

Sie fühlen sich so sicher, dass sie nicht merken, dass die Sucht weiterhin auf der Lauer liegt und ein Rückfall bereits in den Startlöchern steht. In dieser Situation ist es ungeheuer wichtig eine Gruppe zu besuchen, um die Verläufe und Tücken der Alkoholsucht rechtzeitig zu erkennen und entsprechend zu reagieren.

DER RÜCKFALL

Der Rückfall ist nach weitläufiger Ansicht der Moment, in dem der Alkoholiker wieder zur Flasche greift, das heißt, seine Trockenheit beendet. Doch das ist grundlegend falsch!

Ein Rückfall beginnt schon viel früher. Er findet zunächst in den Gedanken des Süchtigen statt. Wenn die anfänglich euphorische Stimmung, in der Zeit kurz nach dem Entzug, abklingt und der Alltag wieder seinen normalen Lauf nimmt, fallen viele Betroffene in ein depressives Loch.

Sie merken dann, dass es auch ohne Alkoholkonsum Probleme gibt. Probleme, die eigentlich ganz normal sind und für jeden gesunden Menschen kein großes Hindernis darstellen.

Auch lässt verständlicherweise irgendwann das Lob der Angehörigen über die willensstarke Leistung des Kranken nach. Vielleicht kommt es sogar zu kleiner Kritik, da man von dem nunmehr nüchternen Partner etwas mehr Engagement im Haushalt erwartet.

Schließlich konnte man ja jahrelang wegen seiner Trunksucht keine Hilfe von ihm erhalten.

Dann ist ein Streit nicht mehr weit: „Jetzt habe ich schon aufgehört zu trinken und du nörgelst immer noch an mir herum".

Der Süchtige ist in dieser Phase sehr, sehr verletzlich. Man kann von seinen Angehörigen nicht erwarten, dass sie dies wissen. Auch er weiß nicht, dass diese teilweise „Über" - reaktionen zum Verlauf der Suchtkrankheit gehören und während der ersten Zeit der Trockenheit immer wieder zum Vorschein kommen. Deshalb gehört es schlichtweg dazu, dass der Abhängige nach erfolgtem Entzug sofort eine Selbsthilfegruppe besucht, in der er lernt, welche Reaktionen und Verhaltensweisen auftreten können. Nur so versteht er künftig sein Verhalten richtig einzuschätzen und kann rechtzeitig entsprechende Maßnahmen ergreifen, die eine Eskalation der Gefühle verhindern.

Es ist auch sinnvoll über das Gelernte mit seinem Partner oder seiner Partnerin zu sprechen. Am besten ist es, wenn beide gemeinsam die Gruppe besuchen. Denn auch die Lebenspartner stehen nun vor Problemen im Umgang mit dem Süchtigen, die sie allein nicht lösen können.

Bleibt ein Gruppenbesuch oder eine Therapie in einer Fachklinik aus, kommen zu den üblichen Alltags- und Beziehungsproblemen die alkoholspezifischen Schwierigkeiten hinzu und der Rückfall ist vorprogrammiert.

Es fehlt einfach an Erfahrung, wie sich die Sucht in Phasen der Trockenheit äußert. Festgefahrene Verhaltensmuster sind tief im Inneren verankert.

ॐ

Auch wenn der bislang trockene Alkoholiker noch nicht tatsächlich zur Flasche gegriffen hat, denkt er aber womöglich bereits daran, wie es sein würde, wenn er sich „nur" ein Bier genehmigte. Man darf nie den Stellenwert vergessen, den der Alkohol während der nassen Zeit eingenommen hat. Diesen Stellenwert gibt die Sucht so schnell nicht auf.
Sie kämpft mit allen Mitteln, die Oberhand zurückzugewinnen.

„Nur ein Bier. Danach höre ich sofort wieder auf". Schon dieser einzige Gedanke ist der eigentliche Rückfall. Hier trifft er die Entscheidung. Er kann sich einfach noch kein Leben ohne Alkohol vorstellen.
Es ist von da an nur noch eine Frage der Zeit, wann er diesen Gedanken verwirklicht.
Sobald er dann die Flasche öffnet und das „eine" Bier trinkt, setzt sich ein bekannter Kreislauf in Gang. Aufgrund der vielleicht längeren Trinkpause glaubt er fest daran, die ursprüngliche Abhängigkeit gemeistert zu haben. Entweder lässt er sich nun bis zur Halskrause volllaufen mit der Gewissheit, am nächsten Morgen wieder trocken zu sein oder er trinkt tatsächlich nur das eine Bier – er trinkt also erneut kontrolliert.
Um klar herauszustellen - beides ist eindeutig ein Abhängigkeitstrinken. Auch wenn es auf den ersten Blick so aussieht, als würde es ihm keine Schwierigkeiten bereiten, nach einem Bier aufzuhören. Willentlich ist alles möglich. Und sobald er selbst feststellt, dass es durchaus machbar ist, nach einer Flasche eine Trinkpause einzulegen, bereitet er gedanklich vielleicht schon den nächsten Probelauf vor.

„Was kann schon passieren? Beim letzten Mal hatte ich nach

einer Flasche doch auch genug!" redet er sich ein. Vielleicht bleibt es noch viele Male bei der einen Flasche. Aber der Zeitpunkt kommt, wo aus einer zwei werden und aus zweien, drei. Es dauert dann meist nicht lange, bis der Betroffene in den alten Trott verfällt.

Erst dann wird der Rückfall als solcher erkannt. Doch da kann es schon zu spät sein. Die Folgen sind nach dem bisher Gelesenen wohl bekannt.

Um Sie vor einem Rückfall zu bewahren rate ich Ihnen, Gedanken ans Trinken absolut ernst zu nehmen. Sobald Sie feststellen, dass hin und wieder Stimmungen auftreten, die Sie dazu verleiten wollen, wieder zur Flasche zu greifen, reden Sie sofort mit jemandem darüber. Entweder in der Gruppe oder mit Ihrem Lebenspartner. Auch wenn Sie ein offenes, vertrauensvolles Verhältnis zu Ihrem Partner haben sollten Sie aber bedenken, dass Sie ihm mit Ihren Gedanken an Alkohol ängstigen könnten.

Schließlich wird er sich um Sie sorgen, da Ihre nasse Vergangenheit ihm womöglich schlimmer in Erinnerung ist als Ihnen.

Geben Sie sich besser einen Ruck und besuchen Sie wirklich eine anonyme Gruppe, bei der Sie fachmännische Hilfe und Ratschläge erhalten, Ihre Probleme und Befürchtungen zu bewältigen.

Wenn Sie Ihr Alkoholproblem ernsthaft verarbeiten und bekämpfen wollen, geht kein Weg daran vorbei.

DAS ERWACHEN

Häufig fallen Rückschläge recht heftig aus. Die Enttäuschung über das mangelnde Durchhaltevermögen und die Schelte von Seiten der Familie und Angehörigen schlagen nun noch tiefere Kerben ins ohnehin schon angekratzte Selbstbewusstsein.

Bei Rückfällen ist es keine Seltenheit, dass die Alkoholtoleranz ansteigt, das bedeutet, der Betroffene trinkt häufig noch mehr, als während der vorangegangenen Trinkphase. Hierbei schadet er sich natürlich nicht nur körperlich. Auch die psychische Abhängigkeit wird verstärkt. Um einigermaßen lebens- und gesellschaftsfähig zu bleiben muss er einen gewissen Alkoholspiegel halten. Aufgrund der zunehmenden Alkoholtoleranz wird es schwer, Alkohol in Form von „leichten" Getränken zu sich zu nehmen, da hierbei einfach zu viel Flüssigkeit notwendig ist. Auch dauert es zu lange bis der notwendige Pegel erreicht ist.
Deshalb steigen in dieser Phase viele auf hochprozentige Getränke um. Wodka, Cognac, Whiskey und andere Drinks werden nun zum Wegbegleiter und treiben den Süchtigen immer schneller ins Verderben.

Ist er erst einmal in diesem Zustand ständiger Trunkenheit, verstärken sich nicht nur seine inneren, suchtbezogenen Auseinandersetzungen mit sich selbst, sondern auch die seines sozialen Umfeldes.
Er kann seinen Arbeitsplatz nicht mehr ausfüllen. Es wird ihm alles zu viel. Der Chef droht womöglich mit Kündigung, die Frau mit Scheidung.
Meist muss der Druck so stark werden, dass er aus seinem Dilemma zwischen Suff und Frust erwacht.
Es ist unter trockenen Alkoholikern bekannt, dass jeder erst seinen ganz speziellen Tiefpunkt erreichen muss, um langfristig etwas in seinem Leben zu verändern. Bei vielen ist dieser Tiefpunkt der Verlust des Arbeitsplatzes oder die

Scheidung. Andere hingegen sind körperlich und seelisch so am Ende, dass es einfach keinen anderen Weg mehr gibt, als den Weg in die Trockenheit.

Nach einer weiteren Entzugsphase erkennt er jetzt, dass es kein Zurück mehr gibt. Natürlich gibt es auch eine Vielzahl Suchtkranker, die diesen Weg, sprich Entzug und Rückfall viel Male durchleben müssen, bis sie endlich erkennen, dass Alkohol ihr Leben ruiniert.

DIE SUCHE NACH HILFE

Durch all die Widerstände, die er sich durch seinen Alkoholkonsum aufgebaut hat, wird er zunächst ziemlich allein dastehen. Immerhin hat er das Vertrauen seiner Angehörigen, Freunde und Vorgesetzte bislang schamlos ausgenutzt und derart auf die Probe gestellt, dass er nun alles daransetzen muss, um dieses wieder zu erlangen.

Das Wichtigste ist allerdings sein Vertrauen in die eigene Person. Auch er ist enttäuscht von sich. Es ist nicht selten, dass starke Schuldgefühle auf seiner Seele lasten. Er muss lernen, dass das, was geschehen ist, nicht mehr rückgängig zu machen ist. Hier wird er bei den Angehörigen in der ersten Zeit nicht unbedingt mit der feinsten Behandlung rechnen können. Er wird Hilfe benötigen, um all dies verarbeiten zu können. Er ist wohl verantwortlich für seine Taten, doch auch die Krankheit als solche ist maßgeblich daran beteiligt.

Die Sucht will gestillt werden. Sie treibt Menschen dazu an, dass sie zu ihrer Befriedigung die entsprechenden Mittel in unterschiedlichen Mengen zu sich nehmen. Der Mensch lebt letztlich nur noch zur Befriedigung des unstillbaren Verlangens. Dabei verändert sich sein Wesen derart, dass es aus ihm ein wahrhaft anderer Mensch wird.

Seine persönlichen Eigenschaften und Ziele treten für die Sucht in den Hintergrund. Er ist nicht mehr sich selbst.

Das ist typisch für Suchtkrankheiten im Allgemeinen und für die Alkoholsucht im Besonderen. Das muss er verstehen, damit er sich nicht mit Schuldgefühlen den Weg für seine trockene, zufriedene Zukunft verbaut.

Ist er bereit, aus eigenem Antrieb Hilfe zu suchen, hat er gute Chancen die Sucht und ihre negativen Auswirkungen auf sein Leben zu besiegen. Vielleicht spürt er beim Besuch einer Selbsthilfegruppe zum ersten Mal, dass er mit seinen Gedanken, Gefühlen und Sorgen nicht allein ist.

Gerade wegen der aufgestauten Schuldgefühle ist es unabdingbar, sich Luft zu verschaffen. Das bedeutet nicht, dass ihm alles verziehen wird, aber er lernt, dass er nur bedingt die Schuld trägt, sehr wohl aber für sein *weiteres* Tun die Verantwortung übernehmen muss. Er kann nichts dafür suchtkrank zu sein, aber er hat die Macht, die Krankheit zum Stillstand zu bringen.

Der Stellenwert des Alkohols muss ersetzt werden durch andere, lebensbejahende Dinge. Er wird lernen, Probleme nüchtern zu analysieren und zu überwinden. Probleme sind besondere Marksteine im Leben, die oftmals Auslöser für bessere Leistungen sind. Man könnte auch sagen: Je mehr Probleme ein Mensch im Laufe der Zeit löst, desto mehr wächst sein Selbstbewusstsein und seine Selbstachtung, da er **selbst** dafür die **Verantwortung** übernommen hat.

Es ist recht oft zu beobachten, dass für Fehlschläge im Leben immer andere zur Verantwortung gezogen werden. Hat etwas gut funktioniert, war ein Einsatz mit Erfolg gekrönt, schwillt die Brust und man selbst erklärt voller Stolz, dass man dies ganz allein geschafft hat.

Ein (nasser) Alkoholiker, betrachtet man ihn einmal unter dem Aspekt der Selbstachtung, kann im Leben doch tatsächlich nicht wachsen. Schließlich ist er nicht in der Lage, Probleme ganz allein zu bewältigen.
Für die kleinsten Hindernisse braucht er eine Leiter in Form von Schnaps, Bier oder Wein. Wie soll sich da Stolz und Achtung entwickeln können. In seinen Augen muss er sich doch zwangsläufig als Schlappschwanz sehen. Er wäre aber nur zu gern in der Lage, die Lorbeeren allein zu kassieren.
Deshalb trinken viele heimlich, um den flüssigen Helfer zu verbergen. Sie denken, dass niemand davon etwas bemerkt. Doch die Anzeichen eines suchthaften Trinkens lassen sich nicht verheimlichen, zumindest nicht auf Dauer.

DIE ABSOLUTE KAPITULATION

Sobald der Trinker erkannt hat, dass er mit all dem Versteckspiel nur sich selbst schadet, ist er bereit die Krankheit anzunehmen und er gibt auf. Er kapituliert. Er weiß nun, dass er gegen die Sucht nicht ankommt.
Er gibt dem Alkohol keine Macht mehr über sein Leben. Er wird alles daransetzen, ein trockenes Leben zu führen. In der Phase der Kapitulation nimmt er Hilfe an, die übrigens reichlich vorhanden ist. Er besucht die Gruppe oder unterzieht sich einem Entzug.
Jetzt hat er gute Chancen, den Teufelskreislauf – Trinken – Entzug – Rückfall – zu durchbrechen. Er ist offen für konstruktive Kritik und Ratschläge.
Er sieht ein, dass es keinen anderen Ausweg gibt.

Der Kapitulation folgt zunächst ein weiterer Entzug.

Entweder stationär in einem Krankenhaus oder in einer speziellen Einrichtung für Suchtkranke.

Die Sucht hat ihn nun an *seinen persönlichen* Tiefpunkt geführt. Tiefer *will* er nicht mehr hineinschlittern.

Genau dieses Wort *–will-* ist ausschlaggebend für den Erfolg seiner Absichten.

Mit „ich will nicht mehr", übernimmt er die Verantwortung. Auch wenn es anfänglich vielleicht noch „ich *kann* nicht mehr" heißt. Aber das spielt momentan keine Rolle. Er ist auf alle Fälle bereit, etwas zu unternehmen. Es ist auch unwichtig, ob er ganz allein die Entscheidung trifft, ohne Druck von außen, oder ob er dazu veranlasst wurde.

Ausschlaggebend ist die Tatsache, *dass* er sich zu seiner Krankheit bekennt. Nur das Ziel ist von Bedeutung.

DIE THERAPIE

Es gibt mehrere Möglichkeiten, clean zu werden. Die Stationäre Therapie, die Ambulante oder einen regelmäßigen Gruppenbesuch.

Welchen Weg der Abhängige gehen will entscheidet er allein. Nach meinen Erfahrungen, die ich in vielen Gesprächen mit trockenen Alkoholikern machen konnte, ist, dass eine stationäre Therapie den wohl sichersten Weg aus der Sucht darstellt.

Zum einen kann er direkt in einer Kuranstalt den akuten Entzug durchleben *(einige Häuser verlangen allerdings, dass der „Patient" seinen Aufenthalt trocken antritt.* Wie dies im Einzelnen geregelt wird, müssen Sie mit der an ihrem Ort befindlichen Beratungsstelle klären). Außerdem erhält er dort medikamentöse Hilfe, um schlimmere Entzugserscheinungen zu vermeiden. Zum anderen ist er nach dem Entzug sofort unter fachkundiger Aufsicht und abseits von etwaigen Gefahrenzonen.

Während des Kuraufenthaltes erhält er in Einzel- und Gruppentherapie wichtige Unterstützung zum Thema Alkoholismus. Hier lernt er, sein Leben "ohne" Alkohol zu gestalten.

Er hat dort auch die Möglichkeit Probleme zu lösen, die nicht direkt mit dem Alkohol in Verbindung stehen.

Zudem hat er bei der stationären Therapie auch wirklich Zeit und Ruhe, sich voll und ganz auf sich zu konzentrieren, fernab von Beruf, Familie und Freundeskreis. Er allein steht jetzt im Mittelpunkt. Das ist sehr wichtig.

Der Vorteil bei einem stationären Aufenthalt ist eindeutig die konzentrierte Aufnahme von Informationen und das große Therapieangebot. In relativ kurzer Zeit (*Zeitdauer ist abhängig vom individuellen Zustand des jeweiligen Patienten)*, lernt der Suchtkranke alles über die Alkoholsucht und deren Behandlungsmöglichkeiten.

Auch nach dieser erneuten Maßnahme sind trotzdem weitere Gruppenbesuche angebracht. Denn, wie bereits zuvor beschrieben, ist es mit einer mehrwöchigen Kur auch jetzt wieder nicht getan. Die Krankheit, auch wenn sie wieder zum Stillstand gebracht wurde, erfordert volle Aufmerksamkeit.

DER UNTERSCHIED ZWISCHEN „TROCKEN HALTEN"
UND „TROCKEN SEIN"

Sobald jemand keinen Alkohol mehr trinkt, halten wir ihn üblicherweise für „trocken". Für den Süchtigen selbst gibt es hier allerdings einen gewaltigen Unterschied, der für eine dauerhafte Trockenheit maßgeblich ist.

Es erscheint auf den ersten Blick vielleicht als Wortspielerei, aber ich will ihnen verdeutlichen, worauf es ankommt, und warum diese kleine Haarspalterei so wichtig ist.

Sich „trocken halten" ist nach erfolgtem Entzug eine reine Willenssache. Es ist völlig normal, dass in diesem Stadium hin und wieder Gedanken in unterschiedlicher Intensität auftauchen, die den Abhängigen darin erinnern, wie gut das Bier doch geschmeckt und wie gut man sich beim Trinken gefühlt hat. Wir Menschen erinnern uns nach längerer Zeit immer nur an die schönen Seiten. Das trifft auf alles im Leben zu.

Wenn sich heute erwachsene Männer an ihre Bundeswehrzeit erinnern, fallen ihnen nur die lustigen und besonders dreisten Taten ein, die sich während ihrer Dienstzeit ereigneten.

An das furchtbare Essen und die teilweise unsinnigen Dienste denkt keiner mehr. Auch wenn es um Urlaubserinnerungen geht, vergessen wir die unangenehmen Dinge sehr schnell, während wir uns noch Jahre danach an den traumhaften Sonnenuntergang am Strand erinnern.

Warum sollte es einem Alkoholiker also nicht genauso gehen. Er hat auch Erinnerungen. Gerade an die Zeit, als der Alkohol noch kein Problem darstellte. Gerade während der bereits suchthaften Trinkphase sind Dinge geschehen, die ihm in guter Erinnerung bleiben.

Und genau hier liegt der Hase im Pfeffer. Er muss lernen, seine Erinnerungen richtig zu verarbeiten. Aber nicht der Alkohol darf hierbei im Mittelpunkt stehen. Die schönen Dinge, die ohne Alkohol vielleicht noch viel schöner gewesen wären, sollten den ersten Platz einnehmen.

Und genau an dieser Stelle hilft ein unumstößlicher Wille. Er ermöglicht es, die Gedanken an Alkohol in realistische Bahnen zu leiten.

Aufgrund unserer schönen Erinnerungen fällt es uns immer schwerer, die schlechten Seiten des Alkohols im Gedächtnis zu behalten. Und das sollten wir aber unbedingt tun.

In der Gruppe erzählen wir immer wieder unsere persönliche Geschichte. Dabei geht es meist recht detailliert zur Sache. Wir erinnern uns absichtlich an die unmöglichen Dinge, die wir ihm Suff getan haben. Dinge, die zum Teil lebensgefährlich waren. Lebensgefährlich nicht nur für uns selbst, sondern auch für andere. Nur so bleiben wir am Ball. Wir haben Nähe zu unserem Problem.

Ich habe mit etlichen Personen gesprochen, die während ihrer Trinkzeit mehr Alkohol als Blut in ihren Adern hatten und sich trotzdem hinter das Steuer ihres Wagens gesetzt haben.

Stellen Sie sich einmal vor, wie IHR Leben aussähe, wenn Sie volltrunken ein Kind überfahren hätten. Diese Gedanken sind schrecklich, aber in Ihrer jetzigen Situation sehr nützlich.

Es gehört allerdings zum Gesundungsprozess, dass anfänglich noch gern an die freudigen Momente gedacht wird. Deshalb ist es wichtig, sich willentlich trocken zu halten.

OHNE FESTEN WILLEN GEHT ES NICHT – DOCH DER WILLE ALLEIN REICHT NICHT AUS!

Es gibt auch trockene Alkoholiker, die jahrelang willentlich enthaltsam leben. Sie wissen, dass sie nichts mehr trinken „dürfen", um nicht wieder in den Teufelskreislauf zu gelangen.

Dies erfordert immens viel Kraft und Ausdauer. Ich bewundere diese Menschen auf eine Art, aber beneide sie auf gar keinen Fall, denn sie trauern insgeheim. Eigentlich würden sie gern wieder einmal einen zur Brust nehmen. Aber ihre Vernunft verbietet es ihnen.

Vernunft ist zwar recht und schön, doch Leidenschaft und Lebensfreude sind mir lieber.

Erst wenn man in der Lage ist mit *Freude* nichts zu trinken, kann man von „trocken sein" reden. Alles andere ist eine verbissene Handlungsweise und somit eine Art Zeitbombe. Eine Zeitbombe deshalb, weil der Moment kommen wird, an dem der Betroffene überlastet ist. In der Zeit, in der alles normal läuft und er nur darauf achten muss, sein Alkohol Problem willentlich zu bekämpfen, wird er es möglicherweise schaffen.

Passiert aber etwas Unvorhergesehenes, der Tod eines geliebten Menschen oder ein anderes dramatisches Ereignis, kommt es in vielen Fälle zu einer Überlastung.

Er kann dadurch leicht in alte Verhaltensmuster zurückfallen. Deshalb richte ich mein Augenmerk immer auf eine positive Verarbeitung meiner Sucht. Nicht, dass ich etwas verdränge, sondern ich ersetze vielmehr negative Empfindungen und Verhaltensweisen durch positive, indem ich stets meine schlimmen Erinnerungen an meine nasse Zeit zu Rate ziehe.

Als ich damals meinen stationären Entzug durchmachte sagte mir der zuständige Arzt: „Wenn sie mal 40 Jahre alt werden wollen dürfen sie nie wieder einen Tropfen trinken!" Können Sie sich vorstellen, welche Wirkung diese Worte auf einen 30-Jährigen haben? Ich wurde kreidebleich und zitterte um mein Leben.

Leider hatte ich bei meinem ersten Entzug noch keine besonders gute Betreuung. Man klärte mich weder über Therapieformen auf, noch gab man mir eine Adresse, an die ich mich hätte wenden können.

Aber die Aussage des Arztes sorgte später dafür, dass ich gesund wurde. Mein Hauptproblem bestand aus den zwei Wörtern - „nicht dürfen". Ich hatte Verbote schon immer gehasst. Aber nun betrafen diese Worte auch noch alles, woran ich hing.

Ich konnte mir damals einfach nicht vorstellen, nie mehr etwas zu trinken. Doch in meiner Gruppe wurde mir bald klar, wie ich aus der Aussage des Arztes Positives holen konnte.

Ich lernte, „ich darf nicht" in ein ich „WILL nicht" umzuwandeln. Dazu bedarf es lediglich absoluter Ehrlichkeit, dem Thema Alkohol gegenüber. Ich wollte leben und war begierig, alles über meine Krankheit zu erfahren. So hörte ich auf die Ratschläge der Gruppenmitglieder.

Sobald mich einer meiner alten Bekannten fragte, ob ich denn nichts mittrinken wolle, antwortete ich stolz: „Nein danke. Ich will keinen Alkohol trinken. Ein Glas Mineralwasser wäre mir lieber". Zu Beginn brannte ich förmlich darauf, dass mich jemand fragte, was ich trinken möchte. Jahrelang war die Antwort klar. Jetzt konnte ich eine zur Sucht gewordene Gewohnheit durchbrechen und durch eine gesunde, lebensbejahende ersetzen.

Und je öfter ich sagte „ich will nicht", desto besser ging es mir.

DIE ZUFRIEDENHEIT

Was auf dem Weg zum „Trocken sein" und zur Zufriedenheit notwendig ist, ist ein klares Bekenntnis.
Und zwar sollten Sie von Anfang an zu ihrer Sucht stehen.
„Jawohl, ich bin Alkoholiker. Trockener Alkoholiker!" Sie brauchen diese Tatsache nicht jedem x-Beliebigen an den Kopf knallen, sondern eher zu einer Strategie einsetzen, die ihnen letztlich auf Dauer zugutekommt.

Sobald Sie aktiv an einer Gruppe teilnehmen und keinen Alkohol mehr trinken, kommt es ihnen vor, dass ihnen weit mehr alkoholische Getränke angeboten werden als früher. Sie sind nun im Zugzwang. Und, da alles im Leben zwei Seiten hat, nutzen Sie die Gelegenheit, daran zu wachsen. Stehen Sie zu ihrer Krankheit indem Sie positiv in die Offensive gehen. „Nein, danke. Mir schmeckt eine Apfelschorle besser". Sie verstärken ihre Willensabsicht noch weit mehr, wenn Sie sämtliche Türen hinter sich Schließen.
Das bedeutet, Sie sollten zunächst ihre Familie und Freunde über ihre Krankheit aufklären. Sagen Sie ihnen offen und ehrlich, dass Sie ihr Alkoholproblem haben und deshalb künftig nichts mehr trinken wollen. Auf diese Weise schlagen Sie gleich mehrere Fliegen mit einer Klappe. Erstens, man wird ihnen künftig keinen Alkohol mehr anbieten, zweitens, Sie vermeiden dadurch, dass hinter ihrem Rücken getuschelt wird, da jeder der Sie kennt, ja schon selbst gemerkt hat, dass Sie sich verändert haben: „Hast du schon gesehen. Der/Die X trinkt nichts mehr". Dadurch, dass Sie sich öffentlich zu ihrem Problem bekannt haben gewinnen Sie an Ansehen.
Sie werden sehen, wie positiv man auf ihre neu gewonnene

Einstellung reagieren wird. Mit ihrer klaren Absichtsäußerung sorgen Sie außerdem dafür, dass Sie in einer schwachen Phase nicht mehr so leicht rückfällig werden. Es wird dadurch schwerer, irgendwo Alkohol zu bekommen, da jeder weiß, welche Folgen dieser bei ihnen bewirken könnte. Sie bauen eine Art Schutzwall um sich herum auf, der auch ihr Gewissen wachruft, sobald sich ein Gedanke an Alkohol einschleicht.

Durch ihr klares Bekenntnis erhalten Sie Selbstbewusstsein und Selbstachtung. Sie haben dadurch die Gelegenheit, sich nüchtern und ohne fremde Hilfe zu behaupten. Sie werden sich freuen zu zeigen, wie stark und sicher Sie sich ohne Alkohol in der Gesellschaft bewegen.

Neben den Menschen, die noch nie in ihrem Leben Alkohol getrunken haben, werden Sie feststellen, dass es eine ganze Menge Menschen gibt, die das gleiche wie Sie erlebten.

Denken Sie an sich und ihre Gesundheit. Sie stehen jetzt im Mittelpunkt. Bevor Sie sich um zerbrochene Freundschaften kümmern, die ihrer Sucht zum Opfer gefallen sind, denken Sie erst einmal an sich.

Alles andere hat Zeit. Es wird auch nicht funktionieren, alle Fehler, die Sie während ihrer nassen Zeit begangen haben, zu korrigieren.

Nehmen Sie sich ihr schlechtes Gewissen nicht zu sehr zu Herzen. Dass Sie Fehler gemacht und andere verletzt haben ist zwar nicht besonders schön, aber schließlich waren Sie dafür nicht allein verantwortlich. Die Alkoholsucht ist eine Krankheit mit vielen Facetten. Der Betroffene tut dabei Dinge, die eigentlich nicht zu seinem Wesen passen. Er lebt ausschließlich für die Sucht. Er ist deshalb nur bedingt für Taten verantwortlich, die er während der Trinkphase begeht. Wenn Sie erst einmal gefestigt sind, und die Schuldgefühle dann zu stark werden, besprechen Sie diese in ihrer Selbsthilfegruppe. Mit Sicherheit erhalten Sie dort Anregungen, die ihnen in dieser akuten Situation hilfreich sind.

Ich hatte damals ebenfalls etwas gutzumachen. Da ich aber wusste, dass die Personen, die ich im Suff beleidigte, wahrscheinlich nur schwer zu besänftigen waren und eine Freundschaft, wie Sie ursprünglich einmal bestand, wohl nicht wieder aufblühen würde, dachte ich etwas eigennützig. Ich wollte zunächst nur mein Gewissen beruhigen, um in Ruhe gesund zu werden. Deshalb schrieb ich den Leuten, die mir noch immer am Herzen lagen, einen Brief, in dem ich ihnen von meinem Alkoholproblem erzählte und, dass ich nun trocken war. Wenn Sie mir noch einmal eine Chance geben wollten, würde ich mich freuen, etwas von ihnen zu hören.

Nebenbei bemerkt meldete sich nur einer von insgesamt neun Adressaten. Das spielte jedoch keine Rolle. Ich hatte mir von Seele geschrieben, was mich belastete und war erleichtert.

Richten sie Ihr Augenmerk ausschließlich auf Ihre innere Zufriedenheit. Hierzu ist jedes Mittel recht. Es geht nur um SIE.

DER PHÖNIX AUS DER ASCHE

Mit der Trockenheit erhalten Sie eine zweite Chance, ihr Leben neu zu gestalten. Welcher Mensch hat schon das Glück noch einmal von vorn beginnen zu können.

Ihre Krankheit bietet also durchaus auch Vorteile. Wie schnell Sie wieder richtig Fuß fassen, hängt von ihnen ab. Überstürzen Sie aber nichts. Erst wenn Sie aus ihrem tiefsten Inneren Freude an einem Leben ohne Alkohol verspüren, werden Sie bereit sein, sich langfristig auf ihre Ziele zu konzentrieren.

Aufgrund ihrer Reife und Lebenserfahrung stellt sich die zweite Chance als einmaliges Ereignis heraus. Sie sind nun in der Lage ihr Leben bewusst zu „er-leben". Sie können alles viel besser genießen, da sie immer einen Vergleich vor Augen haben.

Häufig sind trockene Alkoholiker zu enormen Leistungen fähig. Sie haben auch einen immensen Nachholbedarf aktiv am Leben teilzunehmen. Wie ein Phönix aus der Asche steigen sie plötzlich aus der Versenkung auf.

Sie werden geschätzte Familienmitglieder, da sie aufgrund des neu erlangten Selbstbewusstseins und der Selbstachtung, von nun an in der Lage sind, sich auch für ihre Mitmenschen zu öffnen. Beruflich steht ihnen auch wieder alles offen.

Aber trotzdem ist Vorsicht geboten. Selbstbewusstsein, Selbstachtung und die zurückgewonnene Energie führen auch schnell zur Selbstüberschätzung. Muten Sie sich nicht zu viel zu. Auch wenn Sie ihren Nachholbedarf stillen wollen, sollten Sie stets vor Augen haben, dass Sie nicht für immer geheilt sind. Wie gesagt, die Krankheit kann nicht geheilt, sondern lediglich zum Stillstand gebracht werden.

Deshalb ist es von ungeheurer Wichtigkeit, dass Sie auf Warnsignale ihres Körpers achten. Sie sind trotz ihrer Trockenheit und Zuversicht nicht Mädchen für alles. Oftmals stürzen sich trockene Alkoholiker von einer Sucht in die andere. Früher waren sie Alkoholiker, heute sind sie Workaholics. Wer sich zu viel zumutet, gerät leicht in Stress und Stress ruft wiederum körperliche und geistige Abgeschlagenheit hervor. Und sobald wir geistig nicht mehr frei sind und unser Körper müde und erschöpft ist, sieht die in uns schlafende Sucht wieder eine Gelegenheit, Land zurück zu gewinnen.

Geben Sie der Sucht keine Chance. Erkennen Sie ihre Grenzen und stecken diese klar ersichtlich ab. Sagen Sie auch einmal „NEIN". Sie sind niemandem gegenüber zu irgendetwas verpflichtet.

Es ist völlig klar, dass anfänglich das schlechte Gewissen über die Vernunft siegt und wir jegliche Hilfe anbieten, um Wiedergutmachung zu erreichen. Das ist aber der falsche Weg. Das Wichtigste ist eine dauerhafte, zufriedene Trockenheit.

Wenn Sie aus lauter Erschöpfung irgendwann wieder zur Flasche greifen, werden alle Finger auf Sie zeigen. Nicht die anderen fühlen sich dann schuldig, die ihre Dienste bedingungslos in Anspruch genommen haben. SIE sind dann wieder der Schuldige.

„Der/Die ist eben ein hoffnungsloser Fall", wird man dann sagen.

DER UNBEQUEME MENSCH

Gerade weil es zum Trockensein und Trockenbleiben gehört, seine persönlichen Bedürfnisse in den Vordergrund zu stellen, wirkt man häufig als egoistisch.

Doch gerade ein gesunder Egoismus ist von außerordentlicher Bedeutung für ein ebenso gesundes Leben. Es ist während der Trinkphase sehr oft zu beobachten, dass der Betroffene, um von seiner Sucht abzulenken, niemals „nein" sagt, auch wenn er es lieber täte. Gerade in der ersten Zeit der Trockenheit ist er aufgrund seines schlechten Gewissen nur zu oft für alle Aufgaben bereit, die man von ihm abverlangt.

Erst im Laufe der Gesundung erkennt er immer mehr seine eigenen Wünsche und Bedürfnisse, aber auch seine Grenzen, und ist dann aufgrund des gewonnenen Selbstbewusstseins in der Lage, auch einmal „NEIN" zu sagen. Das sind dann natürlich auch für seine Mitmenschen ganz neue Töne.

Er ist plötzlich zu einer neuen Persönlichkeit gereift, die selbständig über ihr Leben entscheidet. Kein Wunder, dass es da zu Reibungen kommt.

Damit Sie bei ihrer Familie und Freunden nicht unnötig Streit provozieren, erklären Sie denen schon im Vorfeld, dass Sie nicht mehr bereit sind, alles Mögliche mit blindem Gehorsam auszuführen. Sagen Sie ihnen, dass dies von höchster Bedeutung für ihr künftiges Leben ist und bitten Sie sie um Verständnis.

Je offener Sie über die Wege aus der Sucht sprechen, desto mehr Unterstützung können Sie erwarten. Wenn Sie sich eigenbrötlerisch mit ihrer neuen Lebensauffassung auseinandersetzen, können Sie nicht erwarten, dass Sie von jedem verstanden werden. Schenken Sie ihren Lieben viel Offenheit. Indem Sie ihre Vorhaben mit ihnen teilen, gewinnen Sie Vertrauen und werden dementsprechend unterstützt.

Auch ihre Angehörigen wollen nicht, dass sich Ihr Blatt wieder wendet.

In ihren Gruppengesprächen erfahren Sie noch viele Anregungen, die ihnen helfen werden, ihr soziales Umfeld entspannt am Leben zu erhalten. Es ist wichtig, dass Sie sich wohl fühlen. Frei von psychischen Spannungen, auch wenn es im persönlichen Bereich unausweichlich ist, dass hin und wieder Diskussionen auftreten. Wo Menschen miteinander leben gibt es eben auch Meinungsverschiedenheiten und Debatten. Aber wenn man mit seinem Handeln Problemen bereits im Entstehen entgegenwirken kann, ist daran nichts Verwerfliches zu finden, nicht wahr?

Schlusswort

In diesem Buch habe ich viele Beweggründe und Hindernisse beschrieben, die den Weg kreuzen, der aus der Alkoholsucht führt. In meinen Gruppengesprächen sind allerdings noch viel mehr Probleme und Hilfestellungen angesprochen worden. Es wäre undenkbar all diese schriftlich festzuhalten. Sie würden jeglichen Rahmen sprengen.

Deshalb lege ich Ihnen immer wieder ans Herz: „Besuchen Sie schnellstens eine Selbsthilfegruppe".
So fällt alles leichter. Das bedeutet keineswegs, dass ich Ihnen nicht den nötigen Biss zutraue, aber dieses Problem ist zu komplex, um es allein im stillen Kämmerchen aufzuarbeiten. Sie würden womöglich hundert Jahre dazu benötigen. Und so viel Zeit bleibt ihnen natürlich nicht.
Sie müssen das Rad auch nicht ein zweites Mal erfinden. Glücklicherweise haben sich vor ihrer Zeit schon sehr viele Menschen Gedanken gemacht, wie man die Sucht durchbricht.
Da Sie jetzt schon mehrmals gelesen haben, dass es nur an Ihnen liegt, ob Sie es schaffen oder nicht, schlage ich vor,

keine Zeit mehr zu verschwenden.

Ich wünsche Ihnen eine zufriedene Trockenheit, viel Gesundheit und Lebensfreude.

„Alles, um was ihr bittet, glaubt nur, dass ihr es empfangt, und es wird euch zuteilwerden". Markus 11/24

Ende

Bonus Inhalt

Giving up easy!

Aufhören leicht gemacht!

„Jedes Laster aufgeben mit der Kraft deiner Ahnen"

KEINE ZEIT VERSCHWENDEN

Damit meine Worte die erwünschte Wirkung zeigen, werde ich Sie, lieber Leser, ab sofort duzen.

Mit dieser persönlichen Ansprache lässt dein Unterbewusstsein mich einfach näher an dich ran. Keine Angst, dir passiert nichts, zumindest nichts Negatives.
Passieren wird allerdings eine ganze Menge. Du wirst dein wahres Selbst kennenlernen und verstehen, dass du nicht nur der wichtigste Mensch in deinem Leben bist, sondern auch der stärkste und leistungsfähigste.

Was du auf den nachfolgenden Seiten lesen wirst, hat es in dieser Form noch nie gegeben, zumindest nicht im Kontext des Aufgebens von Lastern, ganz gleich ob es dabei ums Rauchen, dem übermäßigen Konsum von Alkohol oder krankmachender Essgewohnheiten geht.

Ich habe meine Worte mit Bedacht gewählt, um das bestmögliche Resultat zu erzielen. Und ich habe mein Wissen in wenige Worte, genauer gesagt, auf wenige Seiten komprimiert, weil ich weiß, dass die meisten Menschen nicht gerne lesen.

Alles was du dabei tun musst ist, die Wirkung dieser Worte zuzulassen. Du wirst überrascht sein wie einfach es für dich sein wird, negative Verhaltensmuster gegen positive zu ersetzen.

Du fragst dich, ob meine Überzeugung esoterischer Natur ist? Nein, ganz im Gegenteil, sie ist das Produkt logischer Gedankenkonzepte, die bis an die Anfangszeit der

Menschheit zurückreichen. Die Basis hierfür bildet das Konzept der Biogenetik, also der Vererbung von Eigenschaften und Wissen durch die Körperzellen.

Du möchtest wissen, wie ich darauf gekommen bin? Dies könnte ich auf verschiedene Weisen beantworten:

1. Ich befasse mich seit vielen Jahren mit dem Unterbewusstsein und habe dabei bemerkt, dass unsere wahre Kraft außerhalb unseres bewussten Wahrnehmungsbereichs liegt.
2. Ich bin ein unsterbliches Wesen und verfüge über das gesamte Wissen der Menschheitsgeschichte.
3. Ich bin der Schöpfer der Menschheit und weiß, wie du funktionierst.
4. Ich bin ein guter Zuhörer, der festgestellt hat, dass Menschen auf bestimmte Worte besonders stark reagieren.

Na, welche Antwort gefällt dir am besten? Und vor allem, an welche würdest am liebsten glauben? Dann nimm diese als unumstößliche Wahrheit an, denn selbst die glaubhafteste Erklärung würde dein Verstand ablehnen, sofern diese nicht in dein Gedankenkonzept passt.

Das Gute am menschlichen Geist ist seine Kraft Dinge entstehen zu lassen, die man in einer Formel auf den Punkt bringen könnte:

Idee (Geist) + Willenskraft (Geist) + Tat (Körper) = Ergebnis.
Die geistige Stärke überwiegt in allen Lebensbereichen und sie ist der unsichtbare Motor des menschlichen Fortschritts.

Wenn du beim Lesen über Begriffe stolperst, mit denen du nichts anfangen kannst, suche selbst nach der Antwort oder lies einfach weiter. Es ist nicht wichtig, dass du alles verstehst, aber es ist unerlässlich, dass du fühlst, wie die Worte auf dich wirken.

Meine Aufgabe sehe ich darin, dir zu vermitteln, dass du das Ergebnis deiner Vorfahren bist.
Du bist somit nicht nur ein Teil von ihnen, sondern du bist der fortschrittlichste Mensch in deiner Ahnenreihe, und sämtliches Wissen ist in dir gespeichert.

Erinnere dich!

Hör nicht auf, nach dem Ursprung deines Lebens zu suchen. Sei dir gewiss, dass deine Vorfahren so stark waren, sämtliche Kriege, Katastrophen und Krankheiten zu überleben, um dir das Leben zu schenken.
Sie alle waren Kämpfer und gleichzeitig Philosophen, um mit allen Problemen des Lebens fertig zu werden.
Die Natur ist in dieser Angelegenheit nämlich äußerst gerecht: Nur die intelligentesten und stärksten einer jeden Spezies schaffen es, sich selbst gegen die widrigsten Umstände durchzusetzen.

Und genau von diesen Menschen stammst du ab!

Weshalb solltest also ausgerechnet du zu schwach sein, dich von Süchten und Zwängen zu befreien?

DIE KRAFT DES WORTES

Damit du die Kraft meiner Worte in ihrer vollen Tiefe

verstehen kannst, nimm anhand des folgenden Beispiels wahr, was sich hinter den einzelnen Beschreibungen und Ausdrücken verbirgt, und wie sie sich in dir bemerkbar machen.

Alternative 1:

Du bist der Herr über dein Leben. Du bist stark und intelligent. Du bist, im wahrsten Sinne des Wortes, deines Glückes Schmied. In dir sind sämtliche Stärken deiner Ahnenreihe vereint.

Oder ich könnte dir eine Geschichte erzählen:

Alternative 2: Der Blick in die Vergangenheit

Stelle dir vor, du könntest einen deiner Urahnen besuchen, der im 12. Jahrhundert gerade auf dem Sterbebett liegt. Betrachte dabei genau seine Lebensumstände. Es ist kalt, es gibt kaum Nahrung, die Welt ist voller Seuchen, Armut und Hoffnungslosigkeit. Fühle die Angst, die auf ihm lastet, weil er sich schon bald nicht mehr um dich kümmern kann. Du bist sein Kind, sein ein und alles. Er macht sich große Sorgen, ob du es ohne ihn schaffen wirst.
Dann sieh in seine Augen und nimm seine Hand in deine. Tröste ihn und offenbare ihm, dass in deinem Leben alles gut ist. Danke ihm für seine Stärke und erkläre ihm, dass er alles richtig gemacht hat. Mit dem Wissen, dass alle seine Nachkommen in Sicherheit sind, wird er friedlich und voller Stolz die Augen schließen können.

Spürst du den Unterschied und die Gemeinsamkeit in beiden

Darstellungen?
Beides ist wahr, doch in der zweiten Alternative fühlst du die Verbundenheit zu deinem Ursprung. Du bist plötzlich nicht mehr allein.

Der Blick in die Zukunft:

„Besuche nun einen deiner Nachfahren im Jahr 2500. Er oder sie ist noch ein kleines, verunsichertes Kind. Sage ihm wer du bist, und mache ihm klar, wie viele von eurer Blutslinie bereits gelebt haben. Verdeutliche ihm, was ihr alles überstanden habt und welche Rückschlüsse ihr daraus ziehen konntet. Erkläre dem Kind wie stark es ist, und, dass alle seiner Vorfahren über ihm wachen".

Was geht jetzt in dir vor? Fühlst du die Aussöhnung und Freude zwischen allen Generationen, oder spürst du vielleicht sogar etwas Stolz in deiner Brust? Kannst du sehen, dass du nicht allein, sondern mit tausenden deiner Vorfahren und Nachkommen verbunden bist? Wie könnte die Kraft dieser unzähligen Verwandten jemals an einem Problem scheitern?

Genau dieses Gefühl wird dir dabei helfen, nicht nur mit allem fertig zu werden, sondern daraus Kraft und Zuversicht zu schöpfen.

ENTSCHEIDUNGEN

Du hast immer die Wahl!
Du musst nichts an deinen Gewohnheiten und Süchten

verändern, wenn du dies nicht willst. Es liegt allein an dir, etwas zu lassen oder nicht. Kein Mensch kann dich dazu zwingen. Es ist allein deine Entscheidung.

Doch welches Problem auch immer du gerade bewältigen willst, stelle dich vor einen Spiegel und sieh deinem Spiegelbild tief in die Augen.

Du wirst dabei schnell feststellen, dass dein Verstand versucht, die Situation zu verstehen und zu begründen. Vielleicht schießen dir Fragen durch den Kopf, wie z. B. „Meine Falten werden täglich tiefer" oder „ich könnte etwas mehr Schlaf gebrauchen". Was auch immer du beim Blick in den Spiegel denken magst, akzeptiere es, doch halte den Augenkontakt aufrecht. Hör nicht auf, in deinen Augen deine Seele zu finden. Suche nach dem Blick deines sterbenden Urahns und dem deines zukünftigen Nachkommens.
Nimm wahr, dass du ein Teil von ihnen bist. Begreife, dass ihre Seelen ein Teil von deiner Seele sind. Fühle die Liebe, die euch alle verbindet.
Sieh so oft in den Spiegel, bis du wirklich Kontakt aufgenommen hast.

Dann stelle ihnen die Frage:

„Was meint ihr, soll ich das Rauchen / Trinken / übermäßige Essen aufgeben, oder nicht?"

Kannst du dir an dieser Stelle denken, wie ihre Antwort lauten wird?

Nein? Dann übe weiter, konzentriere dich!

Vielleicht hilft dir dabei folgendes Experiment:

Wenn du das nächste Mal unter der Dusche stehst, stellst du dich mit dem Rücken zur Brause und richtest den Wasserstrahl auf deinen Hinterkopf. Stehe dabei entspannt, schließ die Augen und fühle, wie das Wasser über deinen Kopf und über deinen Rücken läuft. Dann hältst du dir gleichzeitig beide Ohren zu, während das Wasser weiterläuft. Du nimmst dabei deine Umwelt nicht mehr über den äußeren Gehörgang wahr, sondern über deinen ganzen Körper und vor allem über deine Schädelknochen. Öffnest du währenddessen deine Augen, hast du das Gefühl, als würdest du durch die Augen deines Avatars hinaussehen, so wie ein Blick durch ein Fenster.

Auch wenn das natürlich nur eine spaßige Übung ist, steckt doch ein tieferer Sinn dahinter. Wenn es dir gelingt, wie auch immer, hin und wieder innezuhalten um festzustellen, dass du NICHT NUR deine Hülle aus Fleisch und Knochen bist, dann frage dich:

„Wer bin ich dann?"

Werde zum Beobachter deines Lebens und genieße es, von innen heraus alles zu steuern.

Nun zurück zum Thema. Wenn du ab sofort den Impuls verspürst, eine Zigarette rauchen oder ein Glas Schnaps trinken zu müssen, stelle dich vor den Spiegel und wiederhole die oben genannte Prozedur. Je öfter du dies tust, desto schneller kannst du diesen Prozess vor deinem inneren Auge ablaufen lassen. Schon bald musst du nicht mehr persönlich vor dem Spiegel stehen und dein

Spiegelbild befragen. Du wirst in der Lage sein, dir diesen Dialog vorzustellen.

Frage im Geist deine Vorfahren und bitte sie um Rat. Du spürst dabei immer mehr, dass du nicht allein bist.

Deine Zellen erinnern sich an ihre innewohnende Stärke.

Deshalb eines ganz deutlich: *„Ohne einen festen Willen geht es nicht. Doch der Wille allein reicht nicht aus".*

Ein starker Wille entstammt in der Regel einem starken Ego. Und das Ego ist leider oftmals der Grund für jedes Scheitern, ganz gleich in welcher Lebenslage. Ego initiierte Maßnahmen enden meist in einem Desaster. Deshalb ist es unabdingbar, dass du zuerst deinem Ego auf die Schliche kommst, bevor du erfolgreich dein jeweiliges Problem bewältigen kannst.

Und um die Funktionsweise des Egos zu verstehen, muss man zunächst einmal anerkennen, dass man eines hat, um dann zu erkennen, wann es gerade auf unser Handeln und Denken Einfluss nimmt. Erst wenn man weiß, dass das Ego der Urheber unserer Glaubenssätze ist, kann man gegensteuern.

ALTE MUSTER LOSLASSEN, NEUE ERSCHAFFEN

- Wir müssen von Natur aus nicht rauchen!
- Wir müssen von Natur aus trinken, jedoch keinen Alkohol! Wasser ist der Stoff, aus dem wir zum Großteil bestehen! Reines Wasser, ohne Kohlensäure.

- Wir müssen von Natur aus essen, doch wir müssen uns nicht mit krankmachendem Zeug vollstopfen.

Deshalb stelle dir jetzt die Frage:

„Bin ich bereit alles wegzulassen, was mich krank macht?"

Wenn ja, herzlichen Glückwunsch! Wenn deine Antwort ‚nein' lautet, frage deinen Urahn, was er davon hält.

Ein alter Mann hat mir einmal von seiner Gefangenschaft im zweiten Weltkrieg berichtet. Als man sie damals befreite, bot man ihnen trockenes Brot und Zigaretten an. „Diejenigen, die lieber rauchten, sind mittlerweile alle tot", sagte er, „die anderen haben fast alle überlebt".

Natürlich gibt es auch alte Raucher, jeder von uns kennt einen, aber leider entstammt dieser Vergleich der Sucht. Sie will leben und muss deshalb solche positiven Dinge hervorbringen, um dich vor dem Aufhören abzuhalten.

Die meisten Raucher, Trinker und krankhaften Esser erleben täglich Niederlagen. Immer wenn sie ihr Versprechen, die krankmachende Substanz nie wieder in sich aufzunehmen brechen, verachten sie sich dafür. Wie müssen sie sich dabei wohl fühlen?

Du kennst das? Dann sage dir beim Blick in dein Spiegelbild: „Ab sofort nutze ich die Kraft meiner Ahnen, und lebe frei von Sucht".

ALLTÄGLICHES

Es ist nicht die Substanz, nach der du süchtig bist, es ist das gute Gefühl, das du liebst, wenn das Nikotin, der Alkohol, die frittierten Speisen deinen Körper überfluten.

Deshalb sei dir darüber im Klaren was du wirklich brauchst, was dein Körper wirklich benötigt, um gesund zu bleiben.

Ach, du glaubst, du hast ein Recht auf das gute Gefühl während du dir dies oder jenes verabreichst? Natürlich hast du dieses Recht, aber ist es das, was du wirklich willst?

Ich glaube nicht, sonst würdest du diese Zeilen nicht lesen.

Also gehe es entspannt an. Sobald du ab sofort das Gefühl verspürst, die Substanz deiner bisherigen Wahl zu dir nehmen zu müssen, sage laut ‚STOPP'.

Gehe leibhaftig, oder in Gedanken, wieder vor den Spiegel und blicke diesmal noch tiefer in deine Augen.

Schreibe auf, wann und zu welchen Gelegenheiten du Lust auf dein Suchtmittel verspürst. Lerne dein Verhalten kennen und schaffe dir einen Raum zwischen Reiz und Reaktion. Das heißt, erkenne dein Verlangen, ohne es sofort zu befriedigen.

Sage dir immer wieder, dass deine Ahnen stark waren und, dass du deren Erbe angetreten bist und deshalb genauso stark bist wie sie.

„Deine gegenwärtige Stärke ist die logische Konsequenz deiner Vergangenheit, und keine Einbildung. Sie ist absolut real! Denn sonst gäbe es dich nicht".

Diese Art des Denkens hat nichts mit einem starken Willen zu tun, sondern ist vielmehr ein Resümee deines Geistes, beziehungsweise deiner uralten, unsterblichen Seele.

Dann ersetze das jeweilige Suchtmittel durch etwas Gesundes. Trinke ein Glas Wasser, esse eine Möhre und lenke deine Gedanken auf etwas Schönes.

Werde zum Meister deiner Gedanken.

Schließlich ist der Gedanke der Auslöser jeder Tat.

Nun ist es an der Zeit, den Müll aus deinem Leben zu entfernen:

- Wirf Vorräte deines Suchtmittels weg und bedanke dich währenddessen bei jedem einzelnen. „Danke, dass du versucht hast, mir gute Gefühle zu geben".
- Verändere dein Umfeld. Sage Freunden, die dich zum Rauchen/Trinken/Essen animieren, dass du deine Gewohnheiten veränderst und danke ihnen für die schönen Momente, die ihr gemeinsam hattet. Wenn sie dich in deiner Absicht behindern, solltest du über eine Trennung nachdenken.

-   Nutze die Kraft deines Unterbewusstseins. Wenn du keine Erfahrung im autogenen Training oder sonstigen Entspannungsmethoden hast, nutze das Wissen eines Profis.
-   Lese bewusstseinserweiternde Literatur.
-   Unternimm alles, was dir dabei hilft, innere Ruhe zu finden.

Sei dir über eines im Klaren:

Du bist mit allem ausgestattet, was du für ein glückliches und gesundes Leben brauchst. Alles andere ist eine Illusion, ein Trugbild.

In der Tat reicht ein Weglassen krankmachender Substanzen meist schon aus, um deinen Gesundheitszustand deutlich zu verbessern. Du musst sonst nicht viel tun. Die meisten nehmen sich zu viel vor, in dem sie, von 0 auf 100, sportliche Höchstleistung erbringen wollen und von einer Diät in die nächste jagen. Meist scheitern sie dann an ihren zu hochgesteckten Zielen.

DIE AHNENDÄMMERUNG

Unsere Ahnen sind nicht nur aus genetischer Sicht die Urheber unseres Seins, sondern sie sind auch die Summe aller Entscheidungen, die immer in uns schlummern.
Wenn wir die Gesamtheit unserer Vergangenheit als unsere Basis anerkennen, können wir auf eine unglaubliche Anzahl von Erfahrungen blicken. Jahrtausende des Menschseins, voller Kampf und Elend, Glück und Liebe.

Unzählige Aspekte von Trost und Zuversicht, Glauben,

Wissen und allerlei Fertigkeiten, die uns zu allem befähigen. Sämtliche Seelen unserer einstigen und künftigen Familienmitglieder, vereinen sich zu einer einzigen Bewusstseinsansammlung, die uns alle Kraft und Ausdauer der Welt verschafft.

Und das Gute an dieser Verbindung ist die Tatsache, dass wir sie in ihrer Ganzheit in uns tragen. Wir brauchen keine Anregung von außen.
Lass deine Ahnen an deinem Leben teilhaben und nutze die Kraft ihrer guten Absichten.

„Denn wie alle Eltern, wollten auch sie für ihre Kinder nur das Beste".

Ich wünsche dir auf deinem Lebensweg alles erdenklich Gute. Vergiss nicht: Du bist nicht allein! In dir lebt dein gesamtes Ahnen-Team und unterstützt dich in jeder Lebenssituation. Und dieses Team hat die gesamte Menschheitsgeschichte überlebt.

ॐ